满族文化常识研究

刘贺威 宣丽君 王舰◎编著

九州出版社
JIUZHOUPRESS

图书在版编目（CIP）数据

满族文化常识研究 / 刘贺威，宣丽君，王舰编著.
-- 北京：九州出版社，2017.7
　ISBN 978-7-5108-5705-8

　Ⅰ.①满… Ⅱ.①刘… ②宣… ③王… Ⅲ.①满族—
民族文化—基本知识 Ⅳ.①K282.1

中国版本图书馆CIP数据核字（2017）第180810号

满族文化常识研究

作　　者　刘贺威　宣丽君　王　舰　编著
出版发行　九州出版社
地　　址　北京市西城区阜外大街甲35号（100037）
发行电话　（010）68992190/3/5/6
网　　址　www.jiuzhoupress.com
电子信箱　jiuzhou@jiuzhoupress.com
印　　刷　北京京华虎彩印刷有限公司
开　　本　710毫米×1000毫米　16开
印　　张　8.25
字　　数　130千字
版　　次　2017年8月第1版
印　　次　2017年8月第1次印刷
书　　号　ISBN 978-7-5108-5705-8
定　　价　35.00元

前言

　　满族是我国最古老的民族之一，其历史可以追溯到六七千年前的肃慎新开流文化。唐朝的文献中将其称为"靺鞨"，宋元明时期的汉语文献中称其为女真，金朝继承了北宋和辽国的君主政治体制，迁入中原后的金人在文化和血统上也逐渐和中原民族融合，后来，满洲崛起，征服了东北各部落，统一称谓"满洲"，其中包括了归顺满洲的蒙古人、朝鲜人及辽东汉人，随着历史的变迁，这个民族给我们留下了丰富的文化资源。满族文化流传较为广泛，它的语言文字、民族信仰、装束、居所、曲艺或是礼仪，都对人有着不同程度的吸引力。满族也是我国曾建立过全国性政权的两个少数民族之一，曾统治中国达268年之久，满族人民在白山黑水间繁衍生息，世代相传，完成了将农耕和游牧等不同方式的两大民族融为一体的历史重任，对祖国历史的缔造和版图的拓展做出过重要贡献，在历代的传承和发展中积淀了多姿多彩的文化遗产资源。这些资源记录了满族的发展史，凝聚了丰富的满族精神，具有极高的历史、社会审美等价值。但是，岁月沧桑，朝代更迭，民族融合，文化渗透，满族的历史和满韵清风慢慢地湮没在天宇岁月的烟尘中，满族先人的荣辱只残留在人们的茶余饭后，零星地散落在年迈老者的记忆中，满韵清风似乎离我们越来越远。这些满族先人们用勤劳和智慧在这片土地上创造的文化，如星辰般在历史的夜空中寂寂闪烁。

　　哈尔滨市第九十八中学坐落在黑龙江省哈尔滨市红旗满族乡，满族人口约占乡总人口的34%，这里的民风民俗，还保留一些满族习惯，从饮食、礼仪到语言、信仰，无不浸透了满族文化的气息。随着现代化进程的加快，城

1

市化进程快速发展，满族的传统文化渐行渐远，孩子们对自己出生地的历史和民族文化处于懵懂无知状态，这是我们教育的遗憾。推而广之，就全国而言，近三十年的改革开放，我们收获了经济上的巨大成功，但当我们蓦然回首，却发现今日的社会已经不再建立在传统文化坚实的基础之上。在 2001年联合国组织的世界非物质文化遗产申报和 2005 年国家级非物质文化遗产代表作申报过程中所反映出来的问题，在传统文化的保护方面再一次给我们敲响了警钟。非物质文化遗产的保护，它不仅是我们文化由来的根，也是我们今后文化发展的基础和动力。文化重构是实现民族传统文化保护的重要体现。作为一名教育工作者，我们也在不断思考，教育本身就是传承社会文化的基本途径，要将族相袭、代相习、今俗袭古、古俗延今的传承中积淀下的多姿多彩的满族文化遗产资源与现代生活紧密联系在一起，通过学校教育这一媒介，更好地让孩子们感知祖先的荣耀与辉煌，体味传统文化的魅力，传承民族文化的精髓，将传统文化的精华发扬光大，进而明晰满族发展的历史脉络，感受满族文化的厚重和中国传统文化的多样性和融合性，更加热爱我们伟大的祖国。基于这样的想法，结合我们多年的教育教学实践，着手编著了通俗易懂的满族文化常识的读物。由于我们的水平有限和篇幅的限制，可能存在一些疏漏，也会存在一些遗憾。但我们会继续努力完善的，因为我们知道：传承传统文化，没有旁观者，我们永远在路上。

目录

第一章

追溯尘封的记忆——满族历史沿革

1.1 群族起源

每一个民族都有它美好的族源传说。每一个民族活跃在历史舞台上，都有它的社会背景。满族的名称，是在 17 世纪初叶出现的，溯本求源，女真人是其血缘祖先。先秦史籍中记载的三千多年前的肃慎人，是其最早的先民，此后，汉时的挹娄人，魏晋时的勿吉人，隋唐时的靺鞨人，及至辽、宋、元、明的女真人，都是一脉相传的。满族崛起之时，明朝日趋衰落，而女真人经过统一处于上升时期。这样的社会形势，为满族的形成和发展提供了条件。

肃慎人是我国东北地区最早见于记载的居民之一，古籍中称"东北夷""息慎"。白山黑水是肃慎人的故乡。由此可以看出，满族先人最早的名称是肃慎人，肃慎人生活的年代正是中国历史上的春秋时代。相传有这样一个故事：春秋战国时期，一群隼鸟飞到陈国宫廷的上空，一只受了伤的隼鸟掉在宫廷院落里，伤口还挂着一尺多长的楛矢。当时陈湣公不知道是怎么回事，四处寻问。正好鲁国司寇孔丘周游列国，来到陈国，陈湣公知道孔丘博览群书，精通世故，便派人去请教。孔丘说："这群隼鸟从很远的地方飞来，鸟身上的楛矢是肃慎人造的。过去周武王灭殷，国势强大，鞭及九夷百蛮，四方属国都来朝贡，北方的肃慎贡了楛矢石砮，石镞长约一尺八寸。周武王把肃慎献来的楛矢石砮，赐给分封陈国的女婿胡公，以表彰长女的美德。在周武王时，同族亲属分给珠宝，异姓诸侯分给远方来贡的珍品，以示周王室的恩惠。陈国一定受赐过'楛矢石砮'，你们可以到仓库里去找。"果然不出孔子所料，在金柜里找到了肃慎的楛矢石砮。陈湣公这才知道，很早以前在东北就有会制造"楛矢石砮"的肃慎人。

考古学家在吉林团山和牡丹江莺歌岭发掘出石锄、石斧、石刀，青铜器斧、刀、矛，黑灰陶的瓮、罐、碗、杯；还发现穴居、墓葬遗址，证明在商周时期，他们已经过着氏族的定居生活，开始了饲养和种植业，史学家称之为

"肃慎文化"。浩瀚的森林，辽阔的草原，纵横交错的湖泊，为肃慎人提供了丰富的渔猎资源。

肃慎人以渔猎为生，弓箭是他们不可缺少的工具。古书记载：在禹舜时代，肃慎人已经会制造以"木为杆，石头为簇"的弓箭了。称之为楛矢石砮。"楛矢石砮"的时代，实际就是原始社会的渔猎时代，满族的先人就是靠这些简单的工具来猎取食物。

《竹书纪年·五帝纪》说："肃慎者，虞夏以来东北大国也。"虞，就是"唐尧虞舜"中的舜帝；夏，就是公元前2070年建立的夏朝。这就是说，早在4000多年前，肃慎人已经定居在白山黑水之间。所谓白山黑水，就是今天的长白山与黑龙江一带，一般也泛指东北地区。《山海经·大荒北经》说："大荒之中，有山名曰不咸，有肃慎之国。"而不咸山，就是今天的长白山。肃慎，又称息慎、稷慎、肃杏，从字面上看，好像是说肃慎就是严肃谨慎的人，但这很难说得通。稷慎一词，可能是稷神的音转，稷是古代粮食作物，黍、高粱叫稷，粟的别称也叫稷。古代的农官叫稷，农神也叫稷。这样看来，稷慎人可能是植物图腾氏族发展来的，这在远古神话传说中并不少见。肃慎族也可能以鸟为图腾，而这种鸟很可能是鶜鸠鸟，也就是人们常说的'鹰'。在满语中，猎鹰海东青叫'宋昆'，正是汉语鶜鸠的译音。满语译作宋昆，再汉译为海东青。有人说，肃慎、息慎、稷慎，是'女真'的同音异译，在通古斯语中为'人'之意，是他们的自称。而满族人是女真人的后代，这也表明了肃慎是满族祖先的这一事实。

肃慎族是在今黑龙江中游地区形成民族的。从分布来看，历代有所变化。早先，周天子大会天下群臣，周边少数民族头人按方位入座。肃慎族的头人呢，就在东面的北方座位上。当时燕国的辖境，远至内蒙古的哲里木盟，接近肃慎西部地区。这样看来，今辽河以东，北至黑龙江中游，南至松花江上游中段，东抵海滨的广大地区，就是肃慎人活动的范围。他们以狩猎经济为生。弓箭是他们的武器和工具，这种弓有三尺五寸长，用野兽、大牲畜的皮、筋来做弦，射程较远，杀伤力大。

肃慎人喜欢养猪，但与汉族的习惯圈养不同，他们习惯自由放牧，任猪群漫山遍野乱跑，随意繁殖。一到寒冷季节，他们要杀掉一大批，用冰雪冻上猪肉。只留一小部分，饲养在人们过冬的地穴里。

家族的首领们把冻肉平均分给家族成员，只把冻肉在火上暖一暖，大家就那么生吃起来。他们用猪皮裁制衣裳，还用猪毛纺线。他们不习惯于穿裤子，只在腰间系一块遮羞布。他们还在身上搽上一层猪油，用来防寒和预防皮肤干裂。条件好的富有人家，还畜养大群的马、牛、羊。

肃慎人的住房，在夏天和冬天是不同的。夏天，在密集的几棵大树之间，他们搭上一些横木，然后铺上树枝和柴草。这样，既可防野兽侵袭，又可防蚊虫叮咬。冬天，他们又搬进深深的洞穴，要用长长的梯子，才能通到下面。在洞底的中央，他们生一堆火，周围铺上树枝、柴草和兽皮。这就是一个相当温暖的家。

肃慎人不论男女老少，时兴留着长长的发辫。不仔细观察，很难分辨他们的性别。肃慎人的婚姻，也很有意思。男女之间自由恋爱，一对相爱的男女，只需男子把一根美丽的羽毛插在姑娘的头发上，女方同意了就可以先带到男方家里，然后向女方家庭送些彩礼，这就算正式结婚了。只有已婚女子才讲贞操，妻子一旦死了丈夫，就必须要终身守寡。

肃慎人重视青壮年，轻视老年人，这是一种不同于中原人的观念。父母去世后，子孙不许哭泣，说是怕给家族招来灾祸。肃慎族同中原地区的联系，可以追溯到遥远的年代。他们的这种倾向，一向得到历代史家的赞誉而传为美谈。兴凯湖地区历史悠久，经1972年考古发现，在6800多年前的新石器时代，肃慎人就生活在这里。他们以渔猎为生，建立了规模较大的渔村，形成了父系群体，已创制了石斧、石凿、骨制渔具等劳动工具。考古中发现了骨雕鹰头"海东青"、马鹿角雕制的图腾"鱼神"、夹砂陶等文物。

据古书记载，肃慎先民与西周来往频繁。西汉时，肃慎改称挹娄，一直同中原王朝保持隶属关系。南北朝时，挹娄改称勿吉。北齐时期，勿吉改称靺鞨。唐太宗时，靺鞨参加平叛，战功卓著，屡被册封。后唐天成元年（926年），靺鞨改称女真，属生女真含国部。1115年，阿骨打建金，兴凯湖周边属上京恤品路。明代，为东海女真。肃慎人及其后代为伟大的中华文明做出了历史贡献。

从考古学上看，学者们认为，新开流文化是肃慎先世的遗存。那么，分布在三江流域的、由新开流文化演变而来的饶河小南山遗址、抚远海青遗址，可能是商周时期肃慎人留下的遗迹。小南山遗址位于今黑龙江饶河境内。在兴凯湖以北、穆棱河下游和乌苏里江左岸地带，还有同类型的虎林姚营、吉祥、大、小穆棱河、五林洞遗址。从年代上看，它晚于新开流而早于海青。海青遗址也在乌苏里江左岸，分布范围大致在乌苏里江流域和松花江、黑龙江的汇流地带。这个地带，或许是古肃慎族的发源地，是肃慎族的最早故乡。

更典型的，还要算莺歌岭遗址。它位于黑龙江宁安镜泊湖南，距今约3000年，相当于中原的西周，在时间和地域上，与关于肃慎的记载有很多吻合之处。在莺歌岭遗址中，出土了大量的陶器，以及各式各样的工具和用具。最让人感兴趣的是，还出土了一批陶制小型原始艺术品，包括陶猪、陶狗和陶熊。这些古代文物的出土，表明这里的居民使用石器、骨器和陶器，从事原始的农业，畜牧业，兼事渔猎，还有了简单的手工纺织。从出土的陶猪的形态来判断，猪是他们的主要肉食来源。从陶猪的形象看，头占全身三分之一，脊部鬃毛高耸，处于野猪到家养猪之间的过渡体态。猪的饲养，必须以相对稳定的农业为前提。而大量农业工具的出土，又表明这已不是什么问题了。这里的人们，还修筑了半地穴式的简易住所，"穴地而居"为的是要抵御北方的严寒。

类似莺歌岭的遗址，还有宁安牛场、大牡丹、吉林延吉小营子遗址，以及俄国远东滨海地区的"贝丘文化"。这种文化类型的分布范围，北起牡丹江下游和兴凯湖畔，南至朝鲜东海岸，东到日本海沿岸，西达张广才岭东麓。莺歌岭遗址文化说明，有可能这支氏族在这里时间较长，在3000年以前发生了分化，一支东去，一支西进。在这一区域内的各部族，发展不尽平衡，文化也各有差异，而共同特点就是使用"楛矢石砮"。在古代文献中，肃慎与楛矢石砮联系在一起，"楛矢石砮"几乎成了肃慎人的特有标记。从族源上说，肃慎族不是起源于植物图腾，就是起源于鸟图腾。结合古代文献上的记载，我们对肃慎人的了解也就更明晰一些了。

1.2　隋唐时期的勿吉和靺鞨

到了北朝和隋唐时期，肃慎人和挹娄的后人被称为"勿吉"和"靺鞨"。靺鞨初有数十部，后逐渐发展为七大部。主要分布在粟末水（今松花江）和黑水（今黑龙江）及吉林广大地区，以粟末靺鞨和黑水靺鞨最为强大。7世纪末，契丹反唐，迁入辽宁朝阳地区的靺鞨人因战乱东迁，至现今牡丹江地区镜泊湖附近东京城渤海镇，后定居于松花江上游、长白山之北，建立了"震国"。唐玄宗封其首领大祚荣为"渤海郡王"，自此以后便以"渤海"为号。此即古称"渤海国"。唐中期，渤海统一了拂涅、号室等部，统辖地域北至松花江下游、南至朝鲜半岛北部、东临大海、西南达今辽宁省北部及东部。渤海国建国共229年，历经15代，其疆域含黑龙江大部、吉林大部和辽宁小部及俄罗斯滨海地区、朝鲜半岛部分地区，有五京十五府六十一州，号称海东盛国。渤海国后被辽（契丹）所灭。辽将靺鞨人称为"女真"，并分为"生女真"和"熟女真"两大部，生女真较为落后，分布在黑龙江中下游。熟女真较为先进，分布在松花江以南辽宁北部。他们与中原王朝不仅有密切的经济联系，而且也有了密切的政治联系。靺鞨部落中的另一部分黑水部，分布很广，其生活地域在今黑龙江省爱辉县以东、依兰县以北、直临大海的黑龙江下游地区。唐玄宗时，封其首领倪属利稽为"勃利州刺史"，后又设黑水军、黑水府。渤海国被灭以后，黑水靺鞨向南迁移，《辽史》中契丹人称其为"女直（女真）"（《辽史》称"女真"为"女直"是为避辽兴宗耶律宗真之讳）。此后靺鞨这一称谓便被"女真"所取代。

1.3　女真的崛起和金政权的建立

北宋初年，生女真中的完颜部逐渐强大起来，统一了女真各部。完颜阿骨打在按出虎水（现今阿什河）之滨的阿城（史称金上京）称帝。公元1115年，建立了大金国（史称金朝），从此开始了历时119年的金朝历史。公元1125年到1127年，先后灭辽和北宋，1153年迁都燕京（今北京）。淮河以北广大地域，均为金朝所统辖，与南宋相对峙。金朝虽说不上是全国政权，但是周边国家，包括南宋在内，都已向金朝纳贡称臣。因此，金朝在我国历史上，确实是一个非常重要的朝代。公元1234年金朝被蒙古（后建立元朝）、南宋联军所灭。

北宋初年，女真部落中的完颜部逐渐强盛，统一了今吉林省以北各部女真。1114年，其首领阿骨打起兵反辽，翌年，建立金国，于1125年灭辽，1127年征服了北宋。将都城从早期的上京（金上京在今黑龙江阿城南）迁到中都城（今北京城西南隅），统一了河北及东北广大地区。后在蒙古军队的强大压力之下，迁都开封，企图向南发展，并与南宋交战十余年，致使腹背受敌。1234 年金国被蒙古国所灭。在近百年的发展演变中，大部分女真人与汉人及其他民族融合了，只有散居于今松花江流域、黑龙江中下游、东临大海的女真人延续下来。这些女真人主要以渔猎为生。满洲即与这部分女真人有直接的渊源关系。

元末明初生活在我国北部的女真人逐渐南迁，到达吉林省和辽宁省北部及东部一带定居。至此，女真人大致分为三大部分，在明朝记载中分别被称为"建州女真""海西女真""野人女真"，其中建州女真就是后来满族的主要成员。

建州女真，分布于以今辽宁省境内的浑河流域为中心，南抵鸭绿江，东达长白山北麓和东麓的地域中。在建州部落内部还有苏克苏护部、浑河部、完颜部、董鄂部、哲陈部、鸭绿江部、讷殷部、珠舍里部等。海西女真，分布于今辽宁省开原以北、辉发河流域，以及松花江中游广大地区。内部分为扈伦、哈达、乌喇、叶赫四部落。野人女真，分布于建州女真和海西女真以东和以北的地区，即松花江下游至黑龙江流域，东达大海包括库页岛在内的广大地域。内部分为瓦尔喀、虎尔哈、使犬、使鹿等部。

明朝统治者一直极为重视北疆（即长城一线）的防御，严防武力仍盛的北元蒙古各部。明朝起初没有料到，取明而代之的是东北的女真人，故早期对辽东的防御较少，边墙失修，并对东北地区采取怀柔政策，设奴儿干都司作为治所，都司各级官员皆由当地部族首领担任，再由朝廷派员定期巡视。直到建州女真南迁接近辽东，才于 15 世纪中叶开始修筑辽东东段城墙。在此期间，建州女真首领爱新觉罗·努尔哈赤（1559 — 1626），利用明朝在东北地区军事统治松弛的时机，发动了统一女真各部的战争。

1.4　从女真到满洲

努尔哈赤世为建州女真部首领，兼任明朝官职，通汉、蒙古文字，受汉文化影响较大。早在 1412 年，其先祖猛哥帖木耳（猛哥帖木耳像是蒙古名字，以至蒙古人后来比较顺理成章地把传国大玺奉给皇太极）被明朝册封为建州左卫指挥。而 1583 年（明万历十一年），努尔哈赤的父亲却在驰援明军的战事中被明军误杀。于是,努尔哈赤暗下反明雄志,从当年开始不断壮大自己的势力。到1593年(明万历二十一年),首先统一了建州女真各部落。嗣后,努尔哈赤便将战略目标转向势力较大的海西女真部落。1616年在赫图阿拉(后改兴京,今辽宁省新宾满族自治县)即汗位,建元天命,国号曰"金",史称"后金"。到1619年(明万历四十七年),努尔哈赤完全征服了海西女真四部落,并将其土地人口直接归自己统治。努尔哈赤凭着八旗劲旅,终于完成了女真各部的统一事业。

1618年(明万历四十六年),努尔哈赤亲率八旗劲旅,以报祖父之仇为名公开反明。1619年三月,取得对明军主力杜松部的决定性胜利,从此,后金从防守转入进攻阶段。与此同时,林丹汗也趁机亲率察哈尔和内喀尔喀五部,攻占了明朝的广宁城。当时,明朝为了不让努尔哈赤与林丹汗联合,使明朝东、北两面受敌,不断派人到察汉浩特,竭力讨好林丹汗,希望他与明朝保持友好关系。林丹汗也考虑到,与明朝保持友好,进行贸易,有利可图;同时利用明朝可以遏制和削弱后金势力。因此,努尔哈赤攻打辽东地区的初期,明朝北境基本上还是安然无事。为了表示谢意,明朝每年向林丹汗赠送白银千两。

1619年夏,后金取得了辽东地区以萨尔浒之战为中心的总体战役的胜利,士气大振。七月,努尔哈赤准备乘胜攻打铁岭。驻守铁岭的明军势单力薄,难以抵挡后金精锐。1621年三月,努尔哈赤和诸贝勒率领大军,围攻沈阳,打败明军7万守城部队,占领了沈阳城。努尔哈赤留下部分兵力驻守沈阳,指挥其余大部分兵力,准备乘胜攻取辽阳城。次年又克西平堡、广宁等要地。1625年(明天启五年)二月,迁都沈阳。1626年(后金天命十一年),率八旗兵进攻锦州、宁远,在宁元被明将袁崇焕打败,后金国主努尔哈赤亦受重伤,于当年八月去世。由八子皇太极即位。

1636年三月,漠南蒙古十六部49个大小领主齐聚沈阳,公推皇太极继承蒙古可汗大统,奉上"博格达·彻辰汗"尊号。这样,和蒙古人一直有着联姻关系(并被蒙古人认为有着同一祖源关系)的"满洲"民族得到了强大而真诚的盟友。而蒙古则将"灭明复元"的希望托付于他们的合盟。同年,皇太极在盛京(沈阳)即位,改国号为"清",改元崇德。

在此前夕,即1635年11月22日(后金天聪九年十月十三日),后金国主皇太极颁布了一项极为重要的命令。在这项命令中说:"我国原有满洲、哈达、乌喇、叶赫、辉发等名,向者无知之人往往称为诸申(女真)。夫诸申之号乃席北超墨尔根之裔，实与我国无涉。我国建号满洲，统绪绵远，相传奕世。自今以后，一切人等，止称我国满洲原名，不得仍前妄称"（《清太宗实录》卷二十五）。自此以后，"满洲"作为正式的民族称谓被固定下来并统一使用。直到今天，满族仍将这一天视为自己民族的诞生日，称为"颁金节"。

1.5　入主中原

1644 年，李自成攻入北京，明思宗自缢身亡。旋即，满蒙八旗铁骑入关，席卷大江南北，彻底推翻了统治疆域比元代大为缩小的明朝，建立起大清帝国。清王朝成为中国历史上最后一个，也是统治时间最长久的少数民族中央统一政权。直至 1911 辛亥革命，持续了 260 多年。

清王朝从维护政权长治久安的利益出发，在康乾盛世时期，进行了一系列巩固边疆、抵抗外国侵略、维护祖国统一的政治军事活动。如康熙年间，平息吴三桂"三藩之乱"，维护了国家的统一；收复台湾，并设立一府三县，隶福建省。经过雅克萨反击战，阻止了沙俄侵略者对中国东北边疆的蚕食。清俄双方缔结了《中俄尼布楚条约》，划定中俄东段边界。清政府历经康熙、雍正、乾隆三代，用了 70 余年时间，征服了雄踞西北的准噶尔蒙古汗国，统一了天山南北，设立伊犁将军严兵把守，粉碎了沙俄向中国西北边疆扩张的阴谋。在西藏地区，清政府选派驻藏大臣，实行政教合一的统治体制，并且确立了达赖与班禅转世的"金瓶掣签"制度，使西藏直接为中央政府所管辖。与此同时，清政府先后平定了上层贵族叛乱和受英国殖民主义者支持的廓尔喀（尼泊尔历史上的统治王朝）入侵，巩固了中国西南边疆。因为意味着百万人统治上亿人，所以清朝在征服和治理泱泱大疆域时，多采取高压与怀柔并举的策略。同时，清政府极其注重发展满族与人口众多的汉族及占地辽阔的蒙古地区和西藏的关系，"因俗"而"治"之。除在全国各地派遣满族官员，掌管重要权力外，全都任命当地本民族上层人物进行管理，承认和保留他们统治本民族的权力。在内外蒙古地区推行盟旗制度，以强化中央政府对蒙古地区的统治。满族上层统治者还与蒙古贵族世代联姻，给他们优厚的俸禄和显赫的爵位等，以此体现"满蒙一家"的长治久安局面，有效地消除了"贴身隐患"。另一方面，清朝统治者对蒙古地区一直采取保护和隔离于汉人的措施，限制汉人开垦蒙地。这在客观上有效地保护了草原。清朝后期，统治者腐败无能，在帝国主义侵略面前，投降卖国，激起了满族人民和其他民族大众的愤慨和反抗。1911年爆发了辛亥革命，推翻了清王朝的统治。

在满洲民族形成过程中，以建州女真为核心，海西女真和被南迁的部分野人女真为其主体。野人女真中，留居黑龙江一带的后来成为赫哲、达斡尔、鄂温克、鄂伦春等民族。从"满洲"形成的过程看，"满洲"不仅仅由女真人组成，还有相当数量的汉人、蒙古人、锡伯人和朝鲜人等。这些人原来都属于各自的民族，他们由于不同的原因，或被征服，或被掳掠，或是自愿投奔加入到女真这个群体之中，在大致相同的环境中互相影响，渐渐融合成为一体。对"满洲"最后的形成，还不能简单地看作是成员组成上的变化，而是在同一社会环境中，不同民族思想文化的互相影响，互相渗透，在这个地域范围内各民族相互融合，最终形成了"满洲"族，现今简称满族。

1.6 由满洲到满族

1912年中华民国成立之后，清朝灭亡，满洲正式改称满族，成为中华民国"汉满蒙回藏"五族共和的成员之一。当时满族的境遇已大不如前，许多人不得不将名字更改为汉姓汉名，隐瞒族籍以避免遭受不公正的待遇。

京旗满族通常用组织协会、社团的方式来维护自身权益。当时八旗各有"生计处"以寻求解决旗人生计问题的途径。除此之外还有满族同进会、八旗生计维持会、宗族生计维持会、旗籍生计研究会、共和旗族生计同仁会、两翼八旗生计研究会、内务府三旗共和协进社、外三营生计协进会、八旗生计讨论会，还有一些小型的知识分子集会，主要讨论生计、就学、就业和民族不受侮辱的解决途径。抗战时期，京旗满族人郭岳昆组织了满族抗战建国会，不久被日本宪兵侦破，遭到解散。抗战胜利后，由溥儒主持创立满族文化协进会，后改名北京满族协会，大部分为原满族抗战建国会会员，他们继续为满族获得平等待遇而努力，但由于当时社会环境的局限仍然收效甚微。不过，在满族协会对会员的登记过程中，将他们的旧姓、所冠汉姓、职业、生活情况等信息进行了记录，这些信息为日后的满族研究，尤其是京旗满族姓氏的研究留下了宝贵的资料。同京旗和关内各地的满族不同，东北满族大多保有清朝时期的旗地，同时也早与汉人一样从事其他职业，此外，满、汉之间关系融洽，因此并没有像关内满族一样遭遇民族和生计问题。当时东北的政局也比关内稳定，主政者张作霖并没刻意对满族人趁火打劫，而且东北的陵园、坟地甚至一直由满族自管直至 1949 年。1932 年，作为九一八事变的延续，日本在东北成立了傀儡政权满洲国，以逊帝溥仪担任执政（后称皇帝）。虽然名为满洲，实际上却是一个包含当时东北各个民族的一个全新的国家，所谓"满洲人"也指的是满洲国境内之人。虽然有一少部分前清满洲贵族子弟跟随溥仪，但也有许多东北满族同其他民族一道反抗日本在东北的统治。但由于满族统治者所建立的中国最后一个封建王朝与中国近代史上的腐败屈辱相关，再加上日本侵略者曾在中国东北强行"扶持"清朝末代皇帝建立伪"满洲国"，因而使满族的政治待遇曾受到一定的影响。从辛亥革命开始，几乎整个民国时期，在排满情绪影响下，满族人受到了严重的民族歧视。许多满族人隐瞒民族成分，不敢承认自己是满族，或改成汉姓汉名。关内有的满族人甚至生计没有着落。这样，在满族的发展史上出现了人口增长缓慢甚至下降的现象。

1.7 满族新气象

1952 年，中华人民共和国正式承认满族为中国境内的少数民族之一，恢复了满族作为少数民族应有的待遇。许多之前隐瞒族籍的满族人恢复了民族身份，满族的人口数量也因此成倍增长。新中国成立以后，满族和其他兄弟民族人民一样，获得了参与国家管理的政治平等权利。1956 年 2 月 18 日，由国务院发出《关于今后在行文中和书报杂志里一律不用"满清"的称谓的通知》。通知指出"满清"这个名词是在清朝末年中国人民反对当时封建统治者这一段历史遗留下来的称谓，为了增进民族团结，今后除了引用历史文献外，一律不要用"满清"这个名称，将满族人民同满族统治者区别开来。此后周恩来总理在阐述中国民族政策及接见满族皇室人员时专门谈到满族问题，并明确指出"现在的问题，是要恢复满族应有的地位。"（《周恩来选集》，第 319–320

页）。原满族皇室主要成员溥仪于 1964 年任中国人民政治协商会议全国委员会委员，溥杰于 1959 年任中国人民政治协商会议全国委员会文史资料研究委员会专员、第六届全国人民代表大会常务委员会委员。其他皇室人员在政协任职的也很多。以前隐瞒满族成分，或者没有申报满族成分的群众纷纷自愿地恢复和改正，这样使得曾一度呈现零增长趋势的满族人口又开始正常发展起来。

1957 年，北京市郊区相继成立了一批满族乡：怀柔县喇叭沟门满族乡、转山子满族乡、七道河满族乡、长哨营满族乡、东黄梁满族乡、密云县檀营满、蒙民族乡。1958 年满族自治乡改为人民公社。改革开放后，1983 年檀营满蒙民族乡恢复重建，随后恢复了喇叭沟门和长哨营等满族乡。与此同时，在一些满族散居的地区，满族也与其他少数民族联合成立民族乡，如 1982 年贵州毕节地区黔西、大方、金沙三县，成立了苗族彝族满族和苗族满族等 6 个民族乡。

1981 年，国家有关部门发布《关于恢复或改正民族成分的处理原则的通知》。许多满族人恢复或改正了满族成分。这其中包括一部分"蒙古八旗"和"汉军八旗"旗人后裔。

在经过经济和文化等各个方面的充分准备之后，满族实行区域自治的条件已经成熟，1985 年 1 月 7 日经国务院批准，在辽宁省成立了首批满族自治县——新宾、凤城、岫岩 3 个自治县。此后又陆续于 1986 年 12 月 2 日在河北省建立青龙、丰宁两个满族自治县；1988 年 8 月 30 日在吉林省建立伊通满族自治县；1989 年 6 月 29 日在辽宁省建立桓仁、宽甸、本溪、清原、北镇 5 个满族自治县（现凤城、北镇已撤县改市）；在河北建立宽城满族自治县和围场满族蒙古族自治县。除自治县外，在全国还设立了 200 多个满族乡镇，满族的自治权利得到了保障。从 20 世纪 90 年代以来，满族总人口已跃居中国少数民族第二位（仅次于壮族总人口）。

第二章

感受那秣马厉兵的年代——满族八旗制度

2.1　从牛录制到八旗制

满族的先世女真人以射猎为业，每年到采捕季节，以氏族或村寨为单位，由有名望的人当首领，这种以血缘和地缘为单位进行集体狩猎的组织形式，称为牛录制。总领称为牛录额真（牛录意为大箭；额真，又称厄真，意为主）。努尔哈赤在统一女真各部的战争中，取得节节胜利。随着势力扩大，人口增多，他于明万历二十九年（1601）建立黄、白、红、蓝四旗，称为正黄、正白、正红、正蓝，旗皆纯色。四十三年，努尔哈赤为适应满族社会发展的需要，在原有牛录制的基础上，创建了八旗制度，即在原有的四旗之外，增编镶黄、镶白、镶红、镶蓝四旗（镶，俗写亦作厢）。旗帜除四正色旗外，黄、白、蓝均镶以红，红镶以白。把后金管辖下的所有人都编在旗内。

清朝的八旗分为满洲八旗、蒙古八旗和汉军八旗，其中满洲八旗、蒙古八旗的主体是骑兵，他们的普通士兵分为三个等级，马兵、战兵和守兵，军饷依次降低。普通的满洲八旗、蒙古八旗，男子十岁开始每三年可以参加考试，达标为守兵，享有军饷，以后每三年可以参加晋级考试，考试合格升人高一级，增加军饷。马兵、战兵和守兵是等级而不管你是否骑马。汉军八旗也叫乌真超哈（重装部队）其主要是炮兵。

2.2　满洲八旗的组成

正黄旗：建于1601年，以旗色纯黄而得名。正黄、镶黄和正白旗列为上三旗，上三内无王，都归皇帝所亲统，侍卫皇室的成员也从上三旗中选。至清末，是八旗洲中人最多的一个，下辖92个整佐领又2个半分佐领，约3万兵丁，男女老少总人口约 15 万人。

镶黄旗：在今内蒙古锡林郭勒盟西南部，清代八旗之一。建于 1615 年，因旗色为黄色镶红边而得名，镶黄旗是上三旗之一，旗内无王，由皇帝所亲统，兵为皇帝亲兵。清末时的规模达到下辖 84 个整佐领又 2 个半分佐领，兵丁 2.6 万，男女老少总人口约 13 万人，很多清皇室成员都是出自镶黄旗，朝廷的高级官员中也有不少来自镶黄旗。

正白旗：位置在内蒙古锡林郭勒盟南部，清代八旗之一。明万历二十九年（1601 年），努尔哈赤初定，以旗色纯白而得名。正白旗是八旗中的上三旗之一，顺治前，上三旗中并无正白而有正蓝旗，因在顺治初，多尔衮将自己所领正白旗纳入上三旗而将正蓝旗降入下五旗，这以后就了定制。正白旗是皇帝亲统之一，旗内无王，兵为皇帝亲兵，并从中挑选侍卫皇室的成员。清末规模为辖 86 个整佐领（基本户口和军事编单位 100~300 人为一单位）约 2.6 万兵丁，男女老少总人口约 13 万人。

镶白旗：在今内蒙古锡林郭勒盟南部，清代八旗之一。建于明万历四十三年（1615 年），因旗色为白色镶红而得名，镶白旗属于下五旗之一，不是由皇帝所亲统，而由诸王、贝勒和贝子分统。

正蓝旗：在今内蒙古锡林郭勒盟南部，闪电河流贯领接河北。清代八旗之一。建于明万历二十九年（1601 年），因旗色纯蓝而得名。正蓝旗在顺治前与正黄、镶黄列为上三旗，顺治初，被多尔衮降入下五旗，不再由皇帝所亲统，而由诸王、贝勒和贝子分统。清末时规模达到下辖 83 整佐领 11 个半分佐领，兵丁 2.6 万，男女老少总人口约 13 万人。

镶蓝旗：在今内蒙古乌兰察布市东部，清代八旗之一。建于明万历四十三年（1615 年），因旗色为蓝色镶红而得名。镶蓝旗是下五旗，由诸王，贝勒和贝子分统。清末时规模达到下辖 87 个整佐领又 1 个半分领，兵丁 2.7 万，男女老少总人口约 13.5 万人。

正红旗：在今内蒙古乌兰察布市东部，清代八旗之一。建于明万历二十九年（1601 年），因旗色为纯红而得名。正红旗是下五旗，由诸王、贝勒和贝子分统。至清末，是八旗中人口最少的一个旗，规模为下辖 74 个整佐领，兵丁 2.3 万，男女老少总人口约 11.5 万人。

镶红旗：在今内蒙古乌兰察布市东部，清代八旗之一。建于明万历四十三年（1615 年），因旗为红色镶白而得名。镶红旗是下五旗之一，由诸王、贝勒和贝子分统。清末时规模达到下辖 86 个整佐领，兵丁 2.6 万，男女老少总人口约 13 万人。

上三旗：努尔哈赤晚年统辖的是镶黄、正黄、镶白三旗，皇太极晚年统辖的是镶黄、正黄、正蓝（并入两黄旗）三旗，到多尔衮病死后，顺治皇帝统辖的是镶黄、正黄、正白三旗，后来通称为"上三旗"。当时，上三旗与下五旗同样沿袭八旗定制，并无严格区别。不过上三旗为天子所自将，由皇帝统辖，不仅保持原来旗主统辖的权势，而且还有滔天的权势。这样，上三旗官员和兵丁便直接听命于皇帝，由都统、副都统统一领导参领、佐领等官，统治本旗兵丁服役，而成为直辖于皇帝的百姓。在八旗制度中，上三旗人丁堵较接近汉族豹君异关系。其余通称为"移下五旗气'够统以宗室王公，居重驭轻"（《八旗通志》初集卷），仅保持旗主的权势，而听命于皇帝，因此与上三旗之间产生了若干差异之处：在实质上是皇帝、王公、兵丁之间隶属关系中的差别；在组织上是满、蒙上三旗组成的领侍卫府、内务府，与下五旗主府的区别。

下五旗：清代八旗制度中的下五旗，由分封的宗室王公统辖，而受命于皇帝，在体制上与上三旗不同。下五旗都统、参领、佐领管辖本旗兵丁，还要依照旧例听从所属王公的约束，旗内兵丁也要为王公服役。八旗王公权势的消长，直接影响到皇帝与兵丁的隶属关系。因为上三旗与下五旗的差异，所以有功臣贵戚会由下五旗拨入上三旗，这就是清代的"抬旗"之说。另外，还有由八旗汉军拨入满洲，或是由包衣佐领拨入旗分佐领，当时也一律称为"抬旗"。

2.3　八旗的编制及特点

八旗的最小单位是牛录，设牛录额真 1 人（额真：满语 ejen，作"主"解）；5 牛录为 1 甲喇（满语 jalan 之音译。意为"段""节"，为固山额真与牛录额真之间的环节官员），设甲喇额真 1 人；5 甲喇为 1 固山（满语 gūsa 之音译，意为"旗"，即八旗制度中最大的组织单位），设固山额真 1 人。牛录既是一种社会组织，也是作战时的一个单位编成，每牛录300户，每户出一个壮丁，父死子继，兄亡弟代，在全军出动时才有每牛录300人。一般作战，每牛录只有几十人。八旗的组成是满洲八旗300牛录，其中包括约100个已经满族化的蒙古牛录，纯粹满洲牛录仅210个。蒙古八旗129牛录，汉军八旗167牛录，终清一代牛录的数字增加不多。据史籍记载，当时编有满洲牛录308个，蒙古牛录76个，汉军牛录16个，共400个。此时所编设的八旗，即后来的满洲八旗。清太宗时，又建立蒙古八旗和汉军八旗，旗制与满洲八旗同。八旗由皇帝、诸王、贝勒控制，旗制终清未改。

八旗初建时兵民合一，全民皆兵，凡满洲成员皆隶于满洲八旗之下。旗的组织具有军事、行政和生产等多方面职能。入关前，八旗兵丁平时从事生产劳动，战时持戈从征，军械粮草自备。入关以后，建立了八旗常备兵制和兵饷制度，八旗兵从而成了职业兵。清定都北京以后，绝大部分八旗兵丁屯驻在北京附近，成卫京师的八旗则按其方位驻守，称驻京八旗，俗称京旗，实即禁军。另抽出一部分旗兵派驻全国各重要城市和军事要地，称驻防八旗。

八旗有一套完整的制度。如封爵，崇德元年（1636）始定亲王、郡王、贝勒、贝子、镇国公、辅国公、镇国将军、辅国将军、奉国将军九等。八旗按引军旗色定户籍。壮丁原则上三年编审一次，分正户、另户、另记档案及旗下家人等。八旗兴办宗室觉罗学、官学等，课其子弟。八旗宗室王公及官兵的婚丧等均有规定。清初定满汉不通婚，直到光绪二十七年（1901）才取消禁令，实际上民间早已通婚。

八旗的旗务管理无论满洲、蒙古或汉军，均由固山额真管理。顺治十七年，固山额真一律改称都统。各旗均设都统1人，副都统2人。雍正元年，设八旗都统衙门，由上述各旗都统24人及副都统48人组成，掌满洲、蒙古、汉军八旗之政令，稽其户口，经其教养，序其官爵，简其军赋。凡八旗之方位，京师及各地之驻防，陵寝守卫，壮丁编审，选子弟充执事，选送秀女，以授地之法定八旗世业，奴仆管理，田租定额，房产购置，红白赏恤，选送俊秀入官学出具考试名册，会选旗营官员，功过劝惩，世职袭废，稽户丁，定兵额，选马甲等等，无不统一管理。

2.4　八旗制度发展历程

八期初建时，不但在军事上发挥重要作用，而且具有行政和生产职能。

清朝统一，太宗皇太极为加强对旗人的束缚，增强了八旗制的军事职能，并为扩大军事实力和笼络人心，又建立了汉军八旗和蒙古八旗。各旗有军营、前锋营、骁骑营、健锐营和步军营等常规营伍，司禁卫、云梯和布阵等职。另外，设立了相礼营、虎枪营、火器营和神机营等特殊营伍，演习摔跤、射箭、刺虎和操练检枪等。由于清初诸帝很重视枪炮武功等实战本领，八旗军在平三藩、收台湾和抵御沙俄侵略等战斗中都取得了辉煌战绩。八旗兵分为京营和驻防两类。京营是守卫京师的八旗军的总称，由朗卫和兵卫组成。侍卫皇室的人，称朗卫，且必须是出身镶黄、正黄和正白上三旗的旗人，如紫禁城内午门、东西华门、神武门等，均由上三旗守卫。

八旗组织中蒙古旗与汉军旗的建立比满洲旗稍晚。清太宗皇太极天聪三年（1629）时，已有蒙古二旗的记载，称为左右二营。八年改称左翼兵和右翼兵。九年，后金在征服察哈尔蒙古后，对众多的蒙古壮丁进行了一次大规模的编审，正式编为蒙古八旗，旗制与满洲八旗同。汉军单独编为一旗，据考证是在天聪五年正月（一说天聪七年）。皇太极崇德二年（1637）分汉军为二旗，旗色玄青，四年分二旗官兵为四旗，七年正式编为汉军八旗，旗色与满洲八旗同。从明万历四十三年八旗制度建立，直到清崇德七年才完成八旗组织三个部分二十四旗的组织建设，八旗每一旗下都包括满洲、蒙古、汉军三个部分。

清朝定都北京以后，绝大部分八旗兵丁屯驻在北京附近，戍卫京师的八旗则按其方位驻守，称驻京八旗，俗称京旗。另抽出一部分旗兵派驻全国各重要城市和军事要地，称驻防八旗。驻京八旗负责皇宫和京师的安全，实即禁军。清禁卫军制大类有二，即郎卫和兵卫。郎卫即指御前近卫，专门负责皇帝及后妃等的警卫与服务，其内部又根据具体任务的不同，设置侍卫处、銮仪卫、善扑营等不同的机构。侍卫处初选上三旗子弟中才武出众者分班入值，掌上三旗侍卫亲军之政令，供宿卫扈从之需。銮仪卫亦系侍从武职，掌管帝、后车驾仪仗等机构。宣统元年（1909）避溥仪名讳，改为銮舆卫。善扑营，顺治初年曾设善射鹄、善强弓、善扑等侍卫，各有专管，统在三旗额内。康熙八年为惩治鳌拜专横乱政，选侍卫中一部分年少有力者练习扑击之戏，鳌拜入见时，即令侍卫等掊而絷之，于是有善扑营之设。该营专习掼交、射箭、赛马等技艺，供皇帝游玩宴乐时表演。兵卫即指京师及宫禁的警卫，也根据不同的任务及防卫的需要，分设前锋、护军、步兵等不同的营制。

八旗的驻防　入关以前，已有八旗驻防之设。清统治全国以后，分为畿辅驻防、东三省驻防和各直省驻防。畿辅驻防为守卫京师附近地区，包括保定、张家口、热河、察哈尔及木兰围场等地。各省驻防多为省会或重镇。八旗驻地及兵额，视各代而有增损、裁并，但变化不是太大。清末全国驻防共有 817 个佐领。

八旗在全国各地驻防，一般不设都统。在重要地区如盛京、吉林、黑龙江、江宁、杭州、福州、广州、荆州、西安、成都、绥远等处设将军。凡设将军处下设副都统。将军为该地区的最高军事长官，但不理民政。后热河、察哈尔由副都统升为都统后，即为该地区长官。

八旗制度建立在"兵民合一"的基础上，入关前没有兵饷规定。天聪四年皇太极说："中国出则为兵，入则为民，耕战二事，未尝偏废。"当时，兴京（今辽宁新宾）内城居宗室勋戚，外城居宿卫亲兵万余。此外远近十余万户，散处辽河东西，无事耕猎，有事征调，征调时所发行粮也很有限。清统治全国以后，八旗兵饷的主要形式是坐粮，包括钱、粮两部分，从征时发给部分行粮。八旗兵丁按其兵种可分为亲军、前锋、护军、领催、马甲、步兵、炮甲、养育兵、匠役等，其兵饷的数量亦有所差别，且时有增损。

清军入关，满族人口大量涌入北京及其附近地区，为了安置八旗官兵和闲散人口的生活，从顺治元年底至康熙四年清政府共进行了三次大规模的圈地运动，八旗满洲、蒙古、汉军官兵三次共分得旗地二百三十三万五千四百七十七晌零九亩。八旗兵丁的份地为五晌（一晌约六亩），终清没有大的变化。兵丁份地大多数靠本人带同家属从事耕种，后迫于生计被典押出去。清初规定旗民不交产，几经反复，直到光绪三十一年才最后取消禁令。

清统治全国以后，由于八旗制度的严重束缚，八旗兵丁生计日渐拮据。八旗生计问题主要是北京正身旗人的生活问题。康熙、雍正时业已出现，乾隆初更趋严重，从而引起清统治集团的严重关注。康熙、雍正时曾先后赏赐银两数次，但不久即罄尽无余，于是增加兵额，扩大食饷面。雍正二年始设教养兵，后改称养育兵，给予钱米。光绪时养育兵共计 27408 人，清末达到 29407

人。乾隆时曾准许京城和各省驻防汉军八旗出旗为民，令其各谋生计。但直至清末，八旗生计问题非但没有解决，反而陷于贫困的境地。

八旗制度从正式建立到1911年辛亥革命后清朝覆灭，共存在296年。它是清王朝统治全国的重要军事支柱，曾在中国历史上起过积极和进步的作用，为发展和巩固多民族统一的国家、为保卫边疆防止外来侵略等都做出了重要贡献，对满族社会的发展，更起到不可磨灭的作用。随着历史的嬗变，八旗制度中落后的一面也日益明显，严重地束缚了满族人民的发展，在征战中的作用也愈来愈小。八旗制度与清王朝的命运紧密地联系在一起，经过了由盛而衰、由衰而亡的整个历史过程。

第三章

沐浴着满韵清风——满族民俗风情

3.1 尊上敬老——满族礼节礼仪

满族是一个十分注重礼节的民族。过去少辈对老辈是三天一小礼，五天一大礼。少辈每隔三天要给长辈打千请安，隔五天见长辈得叩头，打千的形式男女有别，男人哈腰，右手下伸左手扶膝，似抬物状，女人双手扶膝下蹲。路上遇见不相识的长者，要鞠躬垂手问"赛音"（满语，好的意思）。如骑马，要下马闪在路旁让路，等长辈过去，再上马赶路。远方亲友相见，不分男女皆行抱腰接面大礼。

满族人见面或拜见客人，有各种礼节，其中有打千礼、抚鬓礼、拉手礼、抱见礼、半蹲礼、磕头礼等。其中，打千礼、抱见礼、磕头礼主要为男人所用，其他则用于妇女。打千礼用于晚辈对长辈、下属对长官，形式为掸下箭袖，左膝前屈，右腿微弯，左手放在左膝上，右手下垂，并问安。抱见礼是平辈之间用，晚辈对长辈也可用，不过晚辈要抱长辈的腰，长辈抚晚辈的背，等等。现在，有些繁琐的礼节已被简化。请安礼中男有"问安""打千儿""叩头"。"问安"是请小安，垂手站问好。"打千儿"是请大安，也叫单跪腿，先迅速掸下袖头，左腿前屈，右腿后蹲，左手扶膝，右手下垂，头与身略前倾。抚鬓礼，主要是妇女平日相见，以右手抚其额，点头为拜，即手指从眉上额头鬓角连抚三下，随后点头目视。拉手礼，妇女相见，兴手拉手之礼。抱见礼，是至亲久别相见彼此抱腰接面，然后执手问安。

满族尊老敬上、尊卑等级关系上的传统更为明显。晚辈每日早晚要向父、祖问安，途中遇长辈要让路。新媳妇不能同公婆和丈夫同桌吃饭，吃饭时长辈先坐先吃，媳妇在旁伺候，否则视为不敬不孝。即使媳妇年岁很大，在年岁小的长辈面前也要恭敬伺候。满族有重小姑习俗。满族未婚的姑娘地位很高，公婆上座，小姑侧坐，媳妇则侍立于旁谨慎侍候。

满族人重感情讲信义，大方好客，对宾朋真诚相待。在满族聚居的地方，有人路上拾到东西要设法找到失主，找不到要找失认领。有"窃人之财为耻"的习俗。"邻里相处，有难必帮"，一家缺米大家凑，一人打柴大家烧。互相借贷，不需立契，只凭口头相约，恪守信义。有客人必设宴招待，所允诺之事必全力去做。

3.2　生息繁衍——婚俗、育儿、丧葬习俗

满族婚姻是一夫一妻制，原来一般实行族内等级婚，后来限制放松，可与汉族通婚。自古以来，满族不兴早婚，没有类似"指腹婚""娃娃婚"等童婚。男女年龄到十六七岁，即可订婚、结婚。婚姻由父母包办。满族传统的婚姻仪式较为复杂，大致经过通媒、放定、纳彩、过箱、迎亲、拜堂、拜祖、分大小、回门等程序。

通媒，当男方主妇看中某家姑娘，便征求儿子的意见，再请媒人带一瓶好酒去女家求婚。女方父母要向媒人了解男方的姓名、年龄和家庭状况，特别要详细询问男家祖籍和三代的经历。以弄清男家的门第，这与清代满族婚姻重门第而不计较钱财的习俗有关。媒人走后，父母便对姑娘介绍男家的情况，说出自己的意见。男方请媒人到女方说亲，两家都同意后便放小定，即男方家赠如意或钗钏诸物为定礼。然后是定婚，即选择吉日，男方家及其亲戚往女家问名，女家设宴款待，男方家长致辞求婚，女方家则推谢再三，男方家坚持求婚，女方家同意后，才算定下婚事。此时男方要拜女方家神位及其长辈。定婚后要过礼，也是选择吉日，男方家送衣服、绸缎、羊、鹅等礼物。男方家还要赠银两钱财。过礼也叫"下茶"。据《归绥县志》记载："满俗下茶谓之过礼，多于娶期前二日行之。是日，婿家备衣数袭，耳环一双，猪羊鸡鸭各一对致女家。新郎携伴郎一人，陪亲男女各四人往女家，款以酒食。次日复往，遍谒女家亲友。"从所过之礼的成双成对的观念，反映出双为吉的民间习俗，这些讲究显然是受汉俗的影响。此时要议定婚期。进入迎亲阶段，女方家在婚期前一天陪送嫁妆，俗称"过箱"，新郎要往女家致谢。谢装："娶之前一日，新郎赴

女家谒拜，谓之谢装。"谢装实际上是对岳父家礼节性的通知，因为第二天就要娶亲，岳父家接受谢装礼，就等于同意明日按章办事，愿为女儿操办婚事。迎亲时，新郎在迎亲队伍的陪伴下赶着彩车迎亲，在途中两车相错时，新娘的哥哥将新娘抱上新郎家的彩车，俗称"插车"（由于各地区满族风俗不同，也有新郎与迎新队伍直接到新娘家迎亲的。还有的地方有"旗俗不亲迎"之说）。新娘至新郎家，换车乘轿，花轿落地，新郎要虚射三箭。新娘蒙红盖头下轿，与新郎站在事先摆在院中的天地桌前，向北三叩首，俗称拜北斗，即拜天地。拜完后撤天地桌，新娘进入临时搭的帐篷，谓之坐帐。坐帐时"开脸"，换头型。坐帐后，新娘跨过马鞍进洞房，新郎用秤杆揭去盖头扔到房檐上。夫妻饮交杯酒，吃合喜面、子孙饽饽，众人闹洞房。在婚日当天晚上，新郎新娘要拜祖宗。婚后第一天，新娘给夫家亲戚装烟敬茶，拜宗族，认明辈分，谓之分大小。一般在结婚三日之后，夫妻同回女方家，拜见娘家人并拜祖宗。婚后一个月，新娘回娘家住一个月，谓之住对月。到了这时，婚娶仪礼乃告结束。

这些繁杂的婚娶程序在今日满族聚居地区已经简化，并且融合了现代形式。比如插车，演变为男女青年骑自行车或摩托车，各自由婚庆队伍陪伴，从自己的家里出发，行进至中途相遇时，两人交换自行车或摩托车，再一同到新郎家。还有拜祖宗，有的地方演变为新人拜双方父母。虽然有变化，但仍然具有浓厚的民族特色。另外，满族的婚姻仪式因居住地区不同而略有变化，并非完全一致，但主要程序大致相同。

育儿习俗，在满族人看来妇女怀孕是一件吉事。因此，当妇女怀孕时，全家人都给孕妇特殊的照顾。满族妇女怀孕时清规戒律比较多。如，妇女一怀孕，就不能再参加他人的婚礼，更不允许侍奉祖先神。怀孕5个月时，不能到马棚，不许牵马，不准听说某人难产，不能到产房去。就连说笑也受到严格的限制。而坐着的时候，则又不许扭身子等等。

妇女在临产前，要向佛托妈妈神祷告，请求神保佑母子平安。产房不许设在西屋，在布置产房的屋子里，不能有玉器。临产期间，男人不准进产房。他们认为男人进产房很不吉利。

孩子生下后，如果是男孩，主人就会在自己的家门前挂上一个小弓箭之类的东西；如果生了女孩，就挂红布条。娘家送一个悠车。第二天要请子女多，身体好的妇女给孩子喂第一次奶，叫"开奶"。生儿三天时，亲朋送贺礼，俗称"下奶"，并举行洗礼，称"洗三"。满月时要请客人来"做满月"，并将弓箭或布条取下挂在"子孙绳"上。百日时，要用从各家要的彩布条编成锁，称挂锁。周岁时要举行较为隆重的仪式，让孩子"抓周"。一般在16岁时，男孩剃发，女孩盘发髻。至今在东北满族聚居区仍然保留"下奶""洗三""做满月""抓周"等传统习俗。婴儿的名字，一般是在满月后才起的，他们认为在"月子里"，常常有鬼来抓小孩，怕给孩子起了名之后，被鬼知道，鬼会叫着孩子的名字，把他抓走。而给孩子起名这一天，无论是有钱人家，还是没钱人家都要请些人来为其祝贺，主人要设酒宴招待众人。

丧葬习俗：满族的丧葬以土葬和火葬为主，土葬和火葬的历史都很久远。满族早期丧葬习俗的主要特点之一，是人死后实行火葬而并非土葬。形成这一习俗的原因，虽有可能是受佛教及周边蒙古等族的影响，但最重要的还是取决于本民族的生产和生活状况。满族先祖以狩猎为主要生活来源，通常要走到很远的地方去寻找猎物，有时一次狩猎就要几天或十几天。在这一过程中，难免有人因疾病或意外事故而丧生，而同伴很难将尸体携带回家，因此火葬就成了最简便的办法之一。其具体做法是，如果人是死在距家很远的地方，由同行者将死者发辫剪下，将尸体焚化后，拣一两块骨头与发辫共同装在一个皮口袋里，带回交给死者亲属。直至清朝入关后很长时间，八旗兵士若在外出作战中阵亡仍是采用这种火葬的习俗。清初的三位皇帝——努尔哈赤、皇太极、福临（顺治）死后，也都是将尸体焚化，再把骨灰放入容器中安葬于陵寝。满族入关后逐渐发生变化，康熙以后，受汉族文化影响，满族逐渐改从土葬之俗，但在丧葬祭奠仪式方面仍然保留着本民族的一些传统做法，其旧式葬礼主要有以下几个步骤：小殓：即从人咽气到入棺前的仪节。临终前要为其穿寿衣鞋帽（均按本民族装束），衣裤层数用单不用双。人气绝后将其移至室内灵床上停放。灵床顺炕沿平行方向搭设，高矮依死者年岁而定，但最高不得超过炕沿。尸体一般是头西脚东仰卧，床下放一盏灯和一只公鸡，意为给死者"领路"。同时要将西墙供的祖宗龛取下或用红布遮挡，以免"煞气"冲撞神灵。丧家要在大门外竖竿挂红幡以为标志，幡之长短依死者年岁而别，男置门左、女置门右，早挂晚收，日祭三次。亲友们也自本日起前往吊唁，至亲还要陪死者家属"守夜"，料理丧事。报丧长子到本家、亲戚家报丧时，只需在大门外呼叫、告知，不能进院更不能进屋。入殓：即是将死者放入棺材。满族棺材与汉族不同，上盖是类似屋顶的两面坡起脊式，棺内除褥子外还要铺柴草，属于火葬习俗的遗存。停尸三天后的夜晚，等至亲（亡父，必须请姑奶奶即出嫁的姑娘到场；亡母，必须请娘舅到场）和全家人到齐后，由主持人指挥长子用酒将亡者脸擦洗一遍，为之"开光"剪断绊脚线，孝子贤孙将遗体从窗户抬出入棺。入殓时棺内放金银等物，贫者用金银箔元宝代替，口含铜钱或玉器，尸体安放棺内并钉好棺盖后，要在棺前摆放供桌祭品，死者长子跪于棺侧，向前来吊唁的亲友磕头致谢。出殡，一般是死后七天或九天出殡，但不能双日出殡。孝子在五更时把棺材晃动一下，并呼喊亡者，为之"醒灵"。起灵时，在主持人的指挥下，长子用麻绳单挎肩、背大头；其他儿孙、姑爷在四周相帮，共同起灵。凌晨送殡队伍即出发，前有死者长子打红幡，随后是灵柩及送殡亲友，至墓地安葬后烧纸。如死者年岁较高，送殡者将红幡撕条带回家钉在孩子的衣服上，取"借寿"之意。

服丧和祭奠：长辈去世，儿女晚辈要穿孝袍或系孝带子，均用白布制作。服丧期间（旧时是一百天）男不剃头、女不戴花，也不能穿鲜艳的衣服，女子的首饰只能用银质的、而不用金或其他花色。这一期间也不能举办和参与婚事和其他喜庆娱乐活动。祭奠死者的日子是其去世后逢七之日（至七七止）和百日、周年等。早期祭奠时要将死者生前所用的衣物、弓箭等实物分别焚烧，入关后逐渐改用纸制品代替。此外，逢清明节、七月十五、十月初一、除夕等固定的祭日，还有插佛朵（用树枝上糊彩纸条）、烧包袱等祭祀，至今在东北一些地区的农村仍可见到。

3.3 流动的音符——满族服饰

满族历史悠久，其服饰高雅华丽，在我国民族服饰文化中独树一帜，满族服饰曾对我国的服饰发展有过很大的影响。现在，旗袍、马褂等不但仍深受满族人民喜爱，而且还受到了汉族等其他民族的欢迎。旗袍经过改进，更是成为现代流行服装之一，享誉海内外。

满族女子服饰：满族妇女是脚穿旗鞋，身着旗袍，头带旗头；满族男子一般也是穿长袍，只是长袍外面常罩上一件坎肩（马甲）。

满族的女式旗鞋，称为"寸子鞋"，亦称"马蹄底鞋"。鞋底中间即脚心部位嵌上3寸多厚的木头，用细白布包上，木跟不着地的地方，常用刺绣或穿珠加以装饰，因鞋底平面呈马蹄形，所以得名；还有一种鞋的底面呈花盆形状，称为"花盆底鞋"；老年妇女和平民妇女所穿旗鞋以平木为底，称为平底绣花鞋，亦称"网云子鞋"。满族的女鞋，鞋帮用绸缎或绒布制成，上绣云图或八宝纹，而袜子多为布质，袜底也绣有花纹。当年，这种鞋在满族贵族妇女中十分盛行。

旗袍是满族最有特色的服装，满语为"衣介"，也就是长袍的意思。男子的旗袍是无领（也有圆领的）捻襟、窄袖（也称箭袖、马蹄袖）扣绊、两面或四面开衩、束带。箭袖或马蹄袖，平时挽起，冬季打猎或作战时放下，覆盖手背，用以御寒，后来成为清朝礼节中的一个规定动作。开衩本是为了上下马方便，后成了区分等级的标志。皇族宗室开四衩，官吏士俗开两衩。还有一种便服，不开衩的袍，俗称"一裹圆"。女式旗袍基本与男式相同，只是多一些装饰而已。女式旗袍除也是直立式的宽襟大袖长袍外，下摆及小腿有绣花纹饰。满族妇女往往在衣襟、领口、袖边等处，镶嵌几道花纹或彩牙儿，俗称"画道儿"或"狗牙儿"。根据季节变化，还可分为单、夹、棉、皮等几种。随着社会的发展，男旗袍逐渐废弃，女旗袍则不断演化，由宽腰直筒式逐渐变成了紧身合体的曲线型、流线型，成为代表中华民族的一种女式服装。

满族男子服饰：男式旗鞋是满族具有民族特色的鞋，又叫"乌拉"（或靰鞡），用兽皮或家畜皮制成，多为农村下层满族男子冬季穿用。帮底相连，形状前平后圆，口方，前脸上聚皮纳褶，四周安有六个小耳，穿皮条或麻绳系紧。冬季鞋内絮乌拉草，轻便、暖和，适于冬季狩猎、跑冰。贵族则穿靴，上朝穿方头朝靴，平时穿一种薄底短筒轻便靴，俗称"快靴"，也叫"爬山虎靴"。还有一种家制布鞋，大多是厚底、素帮、圆口或方口式，鞋脸上镶着皮条制成的单梁或双梁。满族男子一般戴礼帽。大凡礼帽，一般都在顶珠之下装有短翎管，用来佩饰羽翎。日常满族男子戴的，还有圆形瓜皮便帽。

坎肩是满族男子服装特色之一。坎肩（又称背心、马甲），是一种无袖短衣。有单、夹、棉、皮等几种。满族猎户多穿毛朝外的皮坎肩。女子的坎肩多用布制，四边镶有彩条。另外，满族坎肩的样式也很多，常见的有对襟直翘、对襟圆翘、捻襟、琵琶襟、一字襟、人字襟等。还有一种多纽扣的马甲，称为巴图鲁坎肩。坎肩也正是以这种独有的魅力，流传至今，成为各民族人民喜爱的一种服饰。

满族人的发式是继承了金代女真人之习俗。男子发式是"半剃半留式"，这与满族先民女真人的"辫发垂肩，留脑后发"有一定承袭关系。满族妇女"辫发盘髻"的习俗，也是来自女真遗风。"两把头"是满族妇女最具有代表性的发式，即将头发夹于头顶，分成两绺，结成横长式的发髻，以高髻为尚。再将后面余发结成一个"燕尾"式的长编髻，压在后脖领上，使脖颈挺直，加之穿高底旗鞋，走起路来分外端庄、文雅。清代中期以来，满洲贵族妇女盛行顶戴"大拉翅"（旗头）。它是由"两把头"的发式发展而来的。

3.4　民以食为天——满族食俗

满族的饮食习俗，是随着满族历史年代、社会生产、经济条件的变化而形成和发展的。满族先民们长期生活在东北地区的白山黑水之间。除了"多畜猪，食其肉"外，捕鱼、狩猎、采集也是他们的主要的生产方式，鱼类、兽肉及野生植物、菌类则是他们的食物来源。猪肉在满族的食物构成中，是和鱼、鹿肉等不相上下的肉食。

满族饮食品种繁多，风味独特。满族民间农忙时日食三餐，农闲时日食二餐。主食多是小米和高粱米、粳米、干饭，喜在饭中加小豆或豇豆，如高粱米豆干饭。有的地区以玉米为主食，喜以玉米面发酵做成"酸汤子"。东北大部分地区的满族还有吃水饭的习惯，即在做好高粱米饭或玉米（糁）子饭后用清水过一遍，再放入清水中泡，吃时捞出，盛入碗内，清凉可口。这种吃法多在夏季。满族饮食中，主食以黏食、面食、甜食、凉食为主，兼食米饭。饽饽是满族的传统食品，最初主要是指用黏高粱、黏玉米、黄米等磨成面制作的。后来满族人把馒头、包子等面食统称为饽饽。满族的饽饽历史悠久，清代即成为宫廷主食。其中最具代表性的是御膳"栗子面窝窝头"，也称小窝头。满族点心萨其玛也成为全国著名糕点。较著名的还有清东陵糕点，也称清东陵大饽饽。

满族烹调以烧、烤见长，擅用生酱（大酱）。蔬菜随季节不同而变化，经常食野菜（蕃蒿、蕨菜等）及菌类。满族先人好渔猎，祭祀时除用家禽、家畜肉外，还有鹿、獐、狍、雁、鱼等。尤喜食猪肉。猪肉多用白水煮，谓之"白煮肉"。设大宴时多用烤全羊。满人忌吃狗肉。不戴狗皮帽子，凡是用狗皮做的东西都是禁止使用的。据说狗救过满族始祖的命，所以满族人对狗有特殊的感情。

北方冬天天气寒冷，没有新鲜蔬菜，为保证生活所需，满族人还发现了晒、腌、渍、窖储等保存蔬菜的方法。其中用腌渍的方法储存蔬菜，最具特色。满族民间常以秋冬之际腌渍的大白菜（即酸菜）为主要蔬菜。据传此法储存蔬菜，始于清顺治年间。用酸菜熬白肉、粉条是满族入冬以后常吃的菜肴。

吃祭神肉是满族的一项具有原始宗教色彩的食俗。在民间，新年祭索伦杆（神杆）时，都要做血肠（即后来的白肉血肠）；昏夜祭七星时的祭品，后来则演化成七星羊肉。在满族的祭祀中，多以猪为牺牲，称猪肉为"福肉""神肉"，祭祀后众人分食。

满族喜爱黏食，喜食蜂蜜，爱喝糊米茶等等习俗，也是他们在长期从事狩猎、采集、饲养、农种、养蜂等经济生产的影响下，并通过祭祀活动的祭品被习惯地认定下来。当然，形成这种食俗，还有地理、气候、生活环境的影响因素。

满族入关统一中国后，虽然其饮食习俗受汉族影响较大，但还是保持着传统的习惯。从民间的风味小吃、三套碗席到清朝宫廷御点、满汉全席，构成了满族饮食的庞大阵容，它不仅是满族民族文化的组成部分，也是中华烹饪宝库中的重要财富。著名的满族风味小吃有：

慈禧小窝头。当年，八国联军打到北京，慈禧太后逃难时，曾吃过玉米面窝头，感觉很好吃。回到北京后，一天，又想起吃窝头的事，就叫厨房做窝窝头。厨工用新鲜玉米面、豆面做成小窝头，并配上满族人爱吃的蜂蜜。于是小窝头就成了清朝宫廷点心。

豆面卷子。满族喜食黏食、甜食。豆面卷子，或称豆面馎馎，多在春季食用。做法是将黏米面入锅蒸熟，擀成薄片，再将炒熟的黄豆面均匀地撒在上面，也可加上芝麻，卷成长卷，切成一至二寸长，色泽金黄，黏而香。

苏子叶馎馎（黏耗子）。这也是满族人喜爱的黏食。夏季，将糯米浸泡后磨面，按成圆饼，内包小豆豆馅，外裹鲜苏子叶，蒸熟。去叶（或带叶）食用，味清香。

酸汤子。这是满族人夏季爱吃的一种食品。做法是将玉米泡开，磨成面，发酵后可制作。将发酵面挤进"汤筒"（或凿有小洞的猪哈拉巴骨），使之成面条状漏入沸腾水锅中，煮熟加佐料即可食用。夏季可加蜂蜜、芝麻做成甜食。甜中带酸，味美适口

萨其玛（又名糖缠）。用水和鸡蛋（或奶油）把白面和好，擀成薄片，切成细条，用油炸熟。再用砂糖或冰糖熬成糖稀与之搅拌，倒入事前铺好芝麻、青红丝、瓜子仁的木槽内，将其压平，取出切成方块即可食用，其味香甜适口。清代关外三陵祭祀，也以其为供品，可见满族对其重视喜爱。现为全国各地、各民族人民普遍欢迎的糕点。

"三套碗席"。清朝中叶以来，"三套碗席"开始在辽宁地区流行起来。"三套碗席"一般由十六款（或八款）凉碟（又称冷菜）、三款"大件"和十二款熘炒菜、汤烩菜组成。因此席中的菜肴是由三套碗，即怀碗、中碗、座碗盛装，故得此名。

满汉全席，是我国最著名的、规模最大的古典筵席。因集满、汉两族烹调技艺精华于一席而得名。它是我国烹饪技艺发展的一个高峰。清入关后，随着国家的强大、昌盛，统治者在饮食上大大讲究起来。在康、雍、乾盛世，已有"满席""汉席"之分。满汉全席的菜品丰富多彩，全席菜式多达200多款，其中热菜134道，冷拼48道，以及数十种各式点心。满汉全席中，必有烧烤菜，以猪为原料的菜肴也占一定比例。满汉全席中，火锅类、涮锅类、砂锅类的菜肴，也占有明显的地位。满汉全席中，干、鲜果品和蜜饯菜肴也是不可缺少的。至于馎馎和粥品，则是满汉全席的主食。满汉全席中，关东野味尤为浓郁，熊掌、猴头、飞龙、人参、哈什蚂等都是席上珍品。可谓取精用宏，争奇斗胜。

3.5 凝固的记忆——满族传统民居

东北地区寒冷期较长，所以，满族传统住宅的御寒取暖功能是其主要特色之一。在以狩猎为主的时代，由于住所经常迁移，建筑也往往是临时性的。夏季人们就住在用原木支搭的帐篷或木屋里，顶上用桦树皮覆盖以遮风挡雨。寒冷季节则住"地窨子"一般称作"地穴式"或"半地穴式"建筑，即在背风向阳的坡地上，挖成适当空间的地穴，顶上以树干和山草支搭覆盖，人则通过梯子或台阶进入。室内再修筑可以烧火取暖的火炕，以抵御严寒侵袭。

随着环境变化和经济的进步，满族生活发展为定居生活，满族民居逐渐形成体现其地区特点、宗教信仰、家庭礼俗和审美观念的自身特色。满族传统住宅的外观，一般都是起脊的硬山式，造型厚重大方，既结实又御寒。满族宅院，一般均为方形，早期"立木为栅"将房屋包围起来，前面正中立一栅门。富裕人家四周砌墙，并建有影壁。后期房屋建筑形成多与汉族建筑风格相结合，尤其是门窗及主体装饰部分多祈福纳祥方面的雕刻和彩绘图案，体现出民族融合的社会风尚。院周围用木栅栏，或用砖、土砌成围墙。大门多设门楼或门房。院内设有影壁墙。影壁墙后侧立有"索伦杆子"。院内东西厢房南面修有牛棚、马棚、车棚和储存谷物的粮仓。"口袋房，万字炕，烟囱出在地面上。"这句俗语形象、集中地反映了满族民居独特的建筑风格。

"口袋房"，又叫"斗室"，因其形如口袋和斗而得名。一般是3间或5间，坐北朝南，房顶用草苫，周围墙多用土垒成。门大多开在东边，也有的中间开门，称"对面屋"。进门便是伙房，又称外屋，西侧或东西两侧为里屋，即卧室。卧室筑有南、北、西三面构成的火炕，这是满族卧室的最大特点。火炕又称"转圈炕""拐子炕""蔓字炕"等等，满语叫"土瓦"。一般南、北为大炕，东端接伙房炕灶，西炕是窄炕，下通烟道。按满族习俗，西炕上供着神圣的"窝撒库"禀祖宗板，因此不要说堆积杂物，就连贵客挚友也不能坐西炕。南炕温暖、向阳，一般由长辈居住；晚辈则住北炕。南、北炕长度与住室的面宽相等。一般是家中长辈住南炕，而且辈分和身份高的人睡最暖和的"炕头"；与西炕相连的一端则称为"炕梢"，一般摆放箱柜被褥。北炕分居兄弟子媳。就寝时，头朝炕外，脚抵墙，对防寒和呼吸新鲜空气颇为适宜。火炕既住人又取暖，深得满族群众喜爱。满族入关后，火炕在北方得到了更加广泛的推广。

满族的窗户分上、下两扇，高丽纸糊在窗户外面，糊之前，把盐水和酥油搅拌成的比较稀的糊状物喷在高丽纸上，这样就可以防止被雨浸湿。"窗户纸糊在外"这也是"东北三大怪"之一。

烟囱，满语称"呼兰"，建在屋侧的东、西山墙外，烟囱距房子60多厘米远，高过屋檐数尺，通过孔道与炕相通。烟囱多用青砖或土坯砌成，有圆形、方形两种。

满族官宦人家的住宅比较复杂，一般要建三进。第一进为二堂（穿堂客厅），三间、七间不等，二堂中间有前后二门，直通大堂。第二进为大堂，五至七间不等。中间两间是办事厅，两侧是客人休息室。第三进为内室，正中房间是直系家属居所，东侧居一般家属。满族人家庭院内，通常有一影壁，有砖砌的，也有木栅的。富贵人家的影壁上，塑有红日或龙凤图案。影壁是掩体的演化，是一种安全设施。可是后来有些人对影壁作出的解释赋予它神奇色彩，说影壁是这一家的假面，是用来防妖的。

而过去城中的富贵人家多住四合院。四合院大门多为三间屋宇式建筑，正房三至五间，东西厢房一般也是三至五间，四周围以砖墙，门房两侧设有石礅，称为上马石。有的四合院分为前后两院。满族的这些民间居所式样，大部分保留在东北的满族聚居区。但从20世纪80年代以后，除很少一部分人建房仍保留传统建筑方式外，绝大部分已建造成更为宽敞明亮的现代式房屋。

3.6 节日放歌——满族传统节日

满族许多节日均与汉族相同。主要有春节、元宵节、二月二、端午节和中秋节。节日期间一般都要举行珍珠球、跳马、跳骆驼和滑冰等传统体育活动。

颁金节，是满族"族庆"之日。1635年农历十月十三日，皇太极发布谕旨，正式改族名"女真"为"满洲"，这标志着一个新的民族的形成。1989 年 10 月，在丹东"首届满族文化学术研讨会"上，把每年的 12 月 3 日定为"颁金节"。

上元节，即正月十五日，俗称"元宵节"。同汉族一样，满族也有元宵挂彩灯和吃元宵的习俗。

走百病，满族妇女的节日。一般在正月十六日。当晚，妇女们三五成群，结伴远走，或走沙滚冰，或嬉戏欢闹，叫做"走百病"。

添仓节：每年正月二十是"小添仓节"，每年正月二十五，是"老添仓节"。人们在当天要或多或少买些米面，以象征来年米充粮足，生活富有。正月二十，满族农村家家开始煮黏高粱米饭，放在仓库，用秫秸棍编织一只小马插在饭盆上，意思是马往家驮粮食，丰衣足食。正月二十五这一天，再添新饭，早中晚连着添三回。也有的人家用高粱秸做两把锄头插在饭上。这个节至今在东北农村保留着。

二月二，俗称"龙抬头日"。当日晨，满族人家把灶灰撒在院中，灰道弯曲如龙，故称"引龙"。然后在院中举行仪式，祈求风调雨顺。全家人还要吃"龙须面"和"龙鳞饼"。妇女们这天不能做针线活。

清明节，上坟祭祖时不像汉族在坟顶上压纸钱，而是在坟上插"佛朵"。"佛朵"是满语，译为汉语为"柳"或"柳枝"。根据满族的信仰，柳是人的始祖，人是柳的子孙，为表明后继有人，要在坟上插柳。

中元节，满族以七月十五为中元节，也视为超度亡灵的"鬼节"。届时，各处寺院设立道场，燃灯念经，要举行各种超度仪式。

虫王节，农历六月，易闹虫灾。满族过去在六月初六这天，一户出一人到虫王庙朝拜，杀猪祭祀，求虫王爷免灾，保证地里的收成好。如今不搞虫王节祭祀扫活动，但家家要在这一天晾晒衣物，以防虫蛀。

开山节，满族人民在每年秋季中秋以后，或农历九月中旬（具体时间不定）为采集草药获得丰收而进行的祝福活动。在过去，东北满族村落每年开山节都要面对长白山进行祝福祷告，感谢山神给予采药人的丰富恩赐，在这一时期采到的人参则要供奉在自家的神龛中。

腊八节，满族人家腊月初八要泡"腊八醋"和煮"腊八肉"。除全家人吃外还要分送亲友。

小年，满族过小年的习俗与汉族相同。腊月二十三日为"小年"。届时家家户户要祭祀灶神，俗称"送灶王爷"。

3.7 满族的传统风俗禁忌

生活中的禁忌，满族居住的西屋有蔓字炕，因西墙上有神龛，为尊重祖宗，在西炕上不准放空盘和空簸箕，因为祭祀时方盘装肉、簸箕装黄米面和炒黄豆面，空放是对神大不敬。同时，西炕也不准家人和客人坐。满族忌服狗皮，忌食狗肉。这是满族（女真）非常重要的习俗，对此有三种说法：一是义犬救罕王说，二是源于满族先人的风俗说，三是图腾崇拜说。

祭祀中的禁忌，满族在院内东南竖索伦杆，不得污秽，不许在神杆下拴马和喂家禽。祭祀前要进行斋戒，包括沐浴更衣，不能喝醉酒，不得食肉动荤，不参加吊丧，不到有病人家问病，不得淫邪玩乐，总之一切不吉利肮脏的事都不得参与。祭祀日子还有十二禁忌：一忌意不诚笃；一忌仪度错乱；一忌器物不洁；一忌生气口角；一忌衣冠不整；一忌闲谈外事；一忌喜笑无度；一忌长幼无序；一忌投犬顿器；一忌刀勺声响；一忌内祭未毕；不洁出屋；一忌外祭未毕；不洁入屋。沈阳满族在祭祀中还祭"神马"，满语称"他合马"。"神马"拉车，不许女人坐。"神马"死了，要埋葬，不许吃肉。"神马"又称"祖马"，享受很高的礼遇。

第四章

体味原生态的心灵归属——满族宗教信仰

4.1　天神创世——满族历史上的三大传说

　　满族先祖是 6800 年前的东北民族三大族系之一的肃慎，这个民族接续下去更名为挹娄、勿吉、靺鞨、女真、满洲（满语吉祥之意），直至满族。追溯满族漫长历史，发现有许多古老而神奇的神话传说，笔者整理出其中的三个，供读者阅读，以体会其中的含义。

　　三天女浴躬，这一关于满族先世肃慎祖先的原始神话传说，在《清太祖武皇帝实录》《满文老档》《皇清开国方略》《满洲源流考》以及《清史稿》《清鉴》等史著和典籍中都有记载，此据《清太祖武皇帝实录》译述如下：

　　古时候的长白山，山高地寒。冬天里狂风劲吹不停，夏日里环山的野兽憩息山中。山的东北布库里山下，有个湖泊曰布尔瑚里。传说很早以前从天上降下三位仙女，到湖里野浴，长名恩古伦，次名正古伦，三名佛库伦。突然飞来一只神鹊（喜鹊）口衔一个红果，在三天女佛库伦头上盘旋，丢下红果正入佛库伦口中（另一说法为神鹊将红果放在岸边三天女佛库伦的衣服上，佛库伦上岸时发现红果颜色鲜美，爱不释手，含入口中）。三天女洗浴完毕上岸穿衣服时，口中红果吞下腹内，并感而怀孕，告别二位姐姐，留下来想等生了孩子再回天庭。不久，佛库伦生下一男孩。据说这个男孩生下来就会说话，并很快长大。这便是满族先世肃慎人的祖先。这一则古老神话传说，反映了古肃慎人对自己部族起源的认识。他们把喜鹊视为自己的祖先，显示了一种图腾崇拜。

　　阿骨打与海东青，海东青是一种名鹰，盛产于混同江（今松花江）下游至入海口处，迁徙于三江（黑龙江、松花江、乌苏里江）沃野山林中，瑰丽俊伟，体态矫健，凌空能捕天鹅，冲地可擒野兽。女真族原本弱小，敢于反抗压迫，战胜强敌，有着海东青的精神。海东青成为女真民族之魂，"女真"

的含义为"东方之鹰——海东青"。满族民间有许多关于海东青的传说，诸如《七彩神火》《鹰城与海东青》《音姜珊满》等，这里仅录《阿骨打与海东青》一则。

相传，正在完颜阿骨打的母亲怀胎十月即将临盆时，辽国元帅领兵杀来。完颜阿骨打的父亲劾里钵保护着妻子边战边退，他们退至乌拉山下，劾里钵肩头受伤，他的妻子在杂草丛里生下了一个胖小子。正在此时，漫山遍野的辽兵攻了上来，情况万分危急。突然，从天上飞来一只玉爪玉嘴的大白雕，围着刚刚出生的男婴飞来飞去，还不停地叫着："阿骨——打！阿骨——打！"

大白雕的叫声惊动了乌拉山的山神阿古，听到大白雕喊"阿骨——打"，以为是让他攻打辽兵，便大吼起来。吼声过后，大大小小的山头都听到了阿古的呼唤，纷纷打开山门，让山水冲下来。迅猛的山洪把辽兵冲得七零八落，死伤无数。后来，劾里钵为了感谢大白雕和山神阿古的救命之恩，便将自己的孩子取名为阿骨打，从此以后敬白雕为神。传说中这种玉爪玉嘴的白雕就是海东青。完颜阿骨打是神鹰海东青给了他神奇的生命，他就依着海东青英勇顽强的精神，统帅女真族人反抗大辽，直至灭亡了大辽，给了族人生存、富强之路。他就是大金国开国皇帝，圣明的金太祖。

乌鸦救主——建州女真再度兴起的传说，到了明朝，建州女真人努尔哈赤又一次统一了女真各部，建立了后金国。就在这个过程中，努尔哈赤又演绎出"乌鸦救主"的故事。

努尔哈赤十几岁时从家出走，到明朝镇守辽东（今北镇）的李成梁部当兵，李总兵看他虽然年岁小但很机灵，便将其放在身边做小伙计，干些打水、端茶、洗脚、喂马等杂活，李总兵对他的表现很满意。一次，努尔哈赤给李总兵洗脚时，发现李总兵脚底有三颗黑痣，向李总兵发问，回答是"这是官痣，我能当总兵就靠这三颗黑痣。"努尔哈赤情不自禁说："奴才脚下有七颗红痣，请问大人我能当什么官？"说着伸脚给李总兵看。李总兵一看，吓出了一身冷汗，可是并没言语。晚上睡觉前李成梁对小妾说："咱这个小伙计脚踩七星北斗，是当皇帝的命，这还得了，明天我向京城（北京）走文书。请示皇上下圣旨就地处死这个小杂种，铲除后患。"小妾暗暗为努尔哈赤担心。

第二天一大早，小妾趁李总兵还没醒，偷偷溜进努尔哈赤的住处，把李总兵阴谋害死他的事都说了。催促小伙计赶快逃走，并说这个家自己也不能待了，表示跟他一起出逃。于是二人分别骑上日行千里的大青马、二青马一齐向东北逃去。刚刚跑了约一个小时，就隐隐约约听见后边有兵马声，小妾说："不好，一定是李总兵率兵马追来了，快跑！"又跑了很远，追兵声渐渐近了。也该小妾命绝，二青马突然倒地累死了，小妾也坠地身亡。努尔哈赤顾不得收敛恩人，打马拼命往前跑。一直跑到太阳西斜，这时追兵喊杀声、奔马响蹄声越来越近，努尔哈赤想这回完了，非死不可。大青马跑进眼前的芦苇塘，也跑不动了，躺在淤泥里喘了几口粗气，就气绝身亡。喊杀声越来越近，努尔哈赤就势在泥水中脱掉衣裳，弄得全身是淤泥和污水，爬上附近一个小山坡。他把脑袋插一个小洞口，头朝下躺在山坡上。恰在此时，飞来一大群乌鸦，落满了这个小山坡，呱呱地叫个不停，特别是落在努尔哈赤身上的那些乌鸦争着啄食他身上的肉，还不停地往身上拉屎撒尿。

李总兵带兵赶到山下，见一大群乌鸦在啄食一个死孩子的肉，努尔哈赤已不知去向，便下令退兵。这个具有帝王命的小伙计才免遭死难。

乌鸦散去，努尔哈赤跪在地上，仰天长叹，感谢天地，感谢总兵的小妾，感谢大青马、二青马，感谢乌鸦，内心许下鸿愿。后来努尔哈赤建立了后金国，他当上了皇帝。

满族人从努尔哈赤坐皇帝立下规定开始，在供奉祖先的对面，供奉佛托妈妈（李小妾），骑在大青马身上，旁边还有一匹二青马。各家在大门口西边立一高杆，名为索伦杆，索伦杆中上部放一个斗子，装有高粱、苞谷、肉食之类，供乌鸦食用。这个风俗一直延续到解放前。

4.2 图腾崇拜——满族萨满文化中的萨满与鹰

满洲族是我国东北地区具有悠久历史和灿烂文化的少数民族，世代生息、繁衍于"白山黑水"一带，信奉古朴的萨满教。萨满教崇信万物有灵，以自然崇拜、图腾崇拜、祖先崇拜为主要内容。在满洲族漫长的历史发展过程中，萨满教一直伴随着满洲族的发展与变化。满洲族及其先民把萨满教作为民族生活、民族精神的根基。满洲族在信奉萨满教的历史长河中形成十分完整、典型、丰富的萨满文化。萨满教是一种古老的原始宗教。满族崇拜的神灵很多，大致可分为自然神祇，动植物神祇，英雄祖先神祇。自然神祇有日、月、星辰、雷、雨、山、河等，以火神为首神。火神是一位舍己救人的品质崇高的女神，因而满族的火祭十分壮观。动植物神祇中动物神（俗称野神）有虎、狼、水獭、蛇、鹰、喜鹊、乌鸦等，以鹰神为首神。鹰神与萨满有着某种渊源关系，据神谕中载，女萨满是由鹰魂化成。

在满洲民间传说中，有关萨满与鹰的传说很多，但特别引人注目的是一组关于人类起源时萨满由鹰诞生的传说。如："天刚初开时，大地像一包冰块，阿布卡赫赫（天神）让一只母鹰从太阳那里飞过。母鹰飞翔时抖了抖羽毛，把光和火装进羽毛里，然后飞到世上。从此，大地冰雪才有融化的时候，人和生灵才有吃饭、安歇和生儿育女的时候。可是母鹰飞得太累，打盹睡了，羽毛里的火掉出来，将森林、石头烧红了，彻夜不熄。神鹰忙用巨翅扇灭火焰，用巨爪搬土盖火，烈火中神鹰死于火海，鹰魂化成了女萨满。""洪水期小海豹救出了一男一女，几年以后，这一男一女结为夫妻，并生有一个女儿，当这个女孩3岁的时候，父母死去。阿布卡赫赫便命鹰首人身的鹰神格格哺养这个女孩。过了一些年，在鹰神格格的照顾和培育下，这个女孩成为世上第一个女萨满。"在这两则传说中我们看到，人类蛮荒时期女萨满的诞生，是在神力威武的阿布卡赫赫（天神）的主持下，鹰魂化成了女萨满及鹰首人身的鹰神格格把女孩培养成为世上第一个女大萨满的。在这一情节结构中，第一则传说讲述了鹰为了人类的幸福劳累而死，鹰魂直接化成女萨满。第二则传说由鹰魂化为女萨满的观念发展为鹰首人身的鹰神格格把一个女孩抚养成为世上第一个女萨满这一复杂的观念和情节。这一变化了的情节和观念，揭示了满洲先民对动物家族中鹰的无比崇拜和特殊的亲缘感情。同时说明这两则传说产生于母系氏族社会，突出了女性萨满的社会地位。

通过对上述两则传说的分析，我们发现满洲先民对天神的崇拜一直在他们的精神生活中占有重要的位置，不论在第一则传说还是在第二则传说里，鹰为人间所做的一切都是阿布卡赫赫（天神）命令鹰所做的。

在满洲民间传说中，除鹰魂化成萨满这一母体之外，还有鹰的羽毛是萨满神灵这一更加具体而细致的传说。如，在民间广泛流传的民间故事《女丹萨满》中这样讲述：

"神通广大的女丹萨满被皇帝利用喇嘛害死在井中后，皇室中黑暗如夜，连着几天不见太阳。皇帝惊问大臣，大臣观看天象之后说，不是阴天，好像是一只巨大的飞禽的翅膀遮盖在皇宫上空，应当命令善射的人向天空射一箭。于是，皇帝命令一名将军向空中射了一箭，结果从天上掉下一根鹰尾巴上的羽毛。这根羽毛非常大，用一辆车才能勉强拉动。这根大羽毛就是萨满的神灵。"

从鹰魂变成萨满到鹰的羽毛就是萨满的神灵，这一系列情节使我们形成一种独特的鹰图腾意识，即鹰作为一种圣鸟与萨满的神圣家族有着密切的血缘关系，鹰是萨满的祖先、萨满神格的代表。这与满洲先民极其崇拜的万物有灵观念和图腾崇拜遥相呼应。

有关萨满是鹰的后裔的说法，不独是满洲族拥有，在中国北方少数民族之中几乎都有这种说法。如，布里亚特人认为："鹰是天上的善神派下来帮助人的。鹰与布里亚特女人之间生出最初的萨满"；雅库特人也传说萨满是神鹰的后裔；赫哲族中也有鹰变成具有神力的女萨满的传说。更有趣的是，苏联学者斯特恩堡在《从民族学角度看原始宗教》一书中也对此问题有专门的论述："关于萨满在地球上的出现，有两个传说故事。据一个故事讲，第一个萨满是鹰，据另一个故事讲，鹰仅仅教会了人跳神。无论在哪个故事中，这只鹰都是双头的，而且正是因为她教会了人跳神而失去了第二个头。在萨满仪式中，鹰神被赋予很大的作用，每件萨满神服都有它的图案。"由此可见，鹰与萨满之间的关系是一个跨民族跨国际的学术课题，对于研究东北亚各民族的历史和文化有重要意义。

对于一些史料传说从科学发展的今天看来，表面上似乎十分荒诞无稽，然而，它却深刻地反映了满洲社会发展初期的社会状况、思维方式、思想意识，以及宇宙观和生产力发展水平等各个方面历史轨迹。

在人类历史发展过程中，每个人类社会都有一个有关起源的神话，而且这一神话和宗教紧密相连，并成为人类历史的一部分。在满洲民间传说中，有关萨满的神话传说是所有故事中最基本的故事。这些神话传说由满洲先民万物有灵的思维意识的源头喷涌而出，这是他们在特定的历史条件下对一切事物寻求解释的心声。在这些神话中一个共同的主题就是让非人的动物甚至自然物、自然力也具有似人的动机和情感。这种倾向自然来自满洲先民崇奉的萨满教和万物有灵的世界观。

满洲先民崇拜大自然中的万事万物，从动物到植物、从天空到大地，无一不是在他们的信仰世界之中。纵观他们多神崇拜的万象领域，他们把动物界中的鹰与萨满维系于血缘这种特殊的关系上，这种超越理性的观念与满洲先民所处的自然环境、生产方式、社会状况、宗教信仰等诸多方面有着一定的关系。这些自然的、社会的等多方面因素构成了产生这种观念的胚基。

满洲族起源于我国东北白山黑水一带，满洲先民们世代在这里繁衍、生息。这一地区森林茂密挺拔，山峦叠嶂，河流密布，气候寒冷，是人迹罕至的地方。它的南面临黄海，东面临日本海、北面有鄂霍次克海，在黑龙江入海口处有众多的岛屿、湖泊，这些海水、岛屿、湖泊是鱼虾生活、繁殖的地方。鹰是以鱼虾为主要食物的一种鸟类，而满洲族所处的自然环境为鹰的生存和繁殖提供了充足的食源和良好的生存环境，因而众多的鹰群也成为生活在这片土地上的满洲人生活中的重要组成部分和生产内容。

狩猎是满洲族早期生产方式之一，而丰富众多的鹰群自然成为满洲族狩猎生产的主要猎取对象。满洲先民在长期的观察、猎取鹰的过程中，对于鹰的习性、生活特点、繁殖时期以及怎样猎鹰、驯鹰、放鹰等许多问题都形成一系列具体、详细的见解与实施方案，并且在每一个过程中都有独特的讲究和说道。

满洲先民在狩猎生产中逐渐形成的猎鹰、驯鹰、放鹰等这一套周密、细致、独特的生产方式，是他们对鹰产生神圣、敬仰之感的思想基础的客观条件。

从当时满洲先人猎鹰生产的目的来看大致有两种，一是把鹰作为食物，另一个是把鹰驯化成猎人狩猎生产的帮手。这两种目的无论从哪个方面来看，都是满洲人在当时条件下生存发展的命脉。由此，他们把鹰与他们尊崇的万能神奇的萨满结合一起，自然毫不惊奇。

在满洲先民的思想认识中，世界上的万物都有灵魂。他们认为在他们世世代代生活的山林、江水之中到处可以遇到神灵，如，山有山神、水有水神、动物有动物神等等。这种万物有灵观念发源于森林中的传统狩猎文化。满洲族生活的地区是茂密的森林,天然的动物园。他们的一切信仰、生产生活中的禁忌,无一不关联着野生动物。在千百年的狩猎经验中,他们与野兽结成难解难分的天缘和友谊,林间的野兽成为他们赖以生存的条件。同时,他们也逐渐对周围的动物有了足够的认识,对各种动物采取区别对待的态度。在把动物神化的过程中,他们把那些在动物界中居于主要地位的猛兽,以人们的亲族祖源的关系相待,并予以神化。在这种历史条件下鹰成为满洲萨满的祖先自有它的地位。

鹰是大自然动物家族中勇猛无比的鸟类,也是满洲族早期狩猎生产中不可缺少的助手。鹰的身姿英武、伟岸,鹰的飞翔本领高超惊人,它既能展翅翱翔于高空,又能直冲大地。鹰的行动飞速、敏捷,并具有准确、惊人的擒拿扑击的本领。鹰的这些本领和独特的风格,使人们对它充满了惊羡和崇敬,并成为满洲人极为崇拜的圣物神鸟和萨满的保护神、萨满的化身,萨满借助鹰神的灵性具有不同于常人的神格,具有人性和神性,如同神鹰一般能够贯地通天。

在早期人类社会中,动、植物是狩猎采集者生存的基础,如同培育环境的自然要素一样。生命,作为所有这些要素的错综复杂的相互作用,被看作是有目的的行动的相互作用,正像社会关系一样。因此,动物和自然力在全世界以狩猎采集寻找食物为生的人们的神话中具有重要的作用。

综上所述,满洲先人所处的独特的自然位置、生态环境,从事的渔猎生产方式和生活内容,以及在此环境下生存着的具有神奇技能的鹰等,与满洲先民的万物有灵宗教信仰观念有机地结合起来,便构成萨满与鹰之间特殊血缘关系的根基和条件,并形成独具特色的萨满文化。

4.3　萨满教鹰神祭礼及其祝赞词

在满洲人极为尊崇的萨满星象图中,有一个由无数个闪烁的星星组合成的一个硕大的鹰形象。满洲人认为该鹰翅膀一抖动,就会引起天翻地覆般的变化，因此，必须对神鹰加以顶礼膜拜。基于这种思想观念，在满洲萨满教鸟神祭礼中，祭鹰神成为鸟神祭的核心与高潮，并有专门的祭鹰仪式、祝赞鹰神的赞词。

如，在满洲石姓祭鹰仪式中，"萨满头带三只鸟的神帽，双手抓着神帽上的飘带，在地上舞动着，如同鹰展翅飞翔于天空，而且，时而做出鹰从天空俯冲下来的动作，时而模仿鹰勇猛地转圈飞翔状。最为惊奇的是，萨满站在屋内由两张桌子挥起来的高桌上，挥舞飘带跳动，并做出抬头仰望苍天的动作，俨然真鹰降临人世"。在这个祭鹰仪式中，萨满的一举一动完全模仿鹰的每一动作，而且如同真鹰降临人世一样，达到了惟妙惟肖、形神统一的境界，鹰的神格在萨满身上得以展现和融合。

在举行神奇的祭鹰仪式时，萨满还要对鹰神进行一番祝赞，他们赞颂神鹰的伟岸、雄姿与勇武。如，满洲石姓鹰神祝词写道："从高高的天上降临的鹰神啊！居住在第二座山峰上层峰顶上。……皂青花色羽毛，时而抖动，展翅遮天盖地，翘尾触动星星月亮，出于大国之中，雕神国星有名望"。

再如，满洲史诗《乌布西奔妈妈》中的鹰神祝赞词：

从天飞降像风雷闪电，
从天飞下如金光照眼，
左翅膀扇开遮住太阳，
右翅膀扇开遮住月亮，
你前爪尖搭在松阿里乌拉，
你后爪尖钩在东海巴卡锦霍落……

从形神统一、惟妙惟肖的祭鹰仪式到语言优美、寓意深刻的祝赞词，透射出满洲萨满对鹰的崇拜意识炽烈地燃烧于他们的心海，从而对鹰神举行虔诚的祭祀仪式，颂唱热情、深邃的祝赞词，这些使我们在相隔遥远年代的今天充分地感受到，满洲萨满与鹰之间衍生的种种文化现象在满洲传统文化中的深刻意义。

满洲萨满在举行宗教仪式时，要穿一种与萨满教观念密切相关的服饰。满洲萨满的服饰有神帽、神衣、神裙等等许多种。从这些服饰的主要部位和装饰来看，几乎每一处都有鹰的图案及其装饰物。

神帽，满语叫夹色，它是萨满的重要装饰物之一，在其上面多装饰着几只小巧玲珑的鹰。这些装饰物鹰以铜制成，造型粗犷、有力，有一种飞翔天空的雄姿。萨满神帽上的鹰只数不等，这要取决于萨满身份和能力。根据史料记载，满洲石姓萨满神帽上最多的装饰有 3 只鹰，杨姓神本中记载的是 9 只鹰，黑龙江宁安县萨满神帽上曾出现过 13 只鹰，《尼山萨满》中的萨满神帽上有 9 只鹰。萨满神帽上鹰的数目多寡是萨满神力大小的标志，也是萨满社会地位高低的象征，更是萨满施展自己法力的主要神具。萨满神帽上的鹰有其独特的寓意，鹰是能通天贯地的神灵，萨满依靠这些神鹰能知晓宇宙与人间的一切变化和事宜，从而更加有利于行使他的神职权利。

神衣，满洲萨满的神衣为长袍式，其下摆一直到达脚面，袖管与神衣下部各有 3 条彩色带饰，象征神鹰展翅翱翔的翅膀。萨满神衣的双肩上各饰有 1 只飞翔状的小鹰，神衣的腹部缀满铜镜，下摆的 3 条宽带间系 20 个铃铛。

从萨满神帽上的鹰装饰物到神衣双肩上的两只铜制小鹰可以看出，满洲族对鹰的崇拜从抽象的精神世界发展到个体的实物崇拜。萨满从内心到外表与鹰构筑成了有血有肉的一体。萨满服饰上的鹰把萨满神衣装点成为一个多层、多样、博大的萨满世界。萨满穿上这种服装，具有化作各种精灵或依靠精灵飞天潜地之能。

总之，萨满与鹰之间的独特关系及其所产生的各种文化是满洲萨满文化中的主要内容，萨满教与鹰对于满洲先民有无限巨大的精神力量，而对于萨满与鹰之间关系的探讨则有利于我们认识满洲萨满文化历史渊源的底蕴。满洲族及其先世在我国东北这片沃土上所创造的丰富、完备、具有顽强生命力的萨满文化成为东北亚各民族文化的核心，并且不断地影响其周边民族。

4.4 满族的原始宗教——萨满教

萨满教是我国古代北方民族普遍信仰的一种原始宗教，产生于原始母系氏族社会的繁荣时期。古代北方民族或部落，如肃慎、勿吉、靺鞨、女真、匈奴、契丹等；近代北方民族，如满族、蒙古、赫哲、鄂温克、哈萨克等也都信奉萨满教或保留某些萨满教的遗俗。

萨满教是原生性宗教，不是创生的，而是自发产生的。广义上的萨满教是世界的。萨满文化是个世界性的文化现象，其流行区域集中在亚洲北部和中部，乃至欧洲北部、北美、南美和非洲，这是广义的萨满教。狭义上的萨满教为阿尔泰语系，如维吾尔、哈萨克、塔塔尔、蒙古、锡伯等民族所信仰，其信仰主要是万物有灵论、祖先崇拜和自然崇拜。萨满教的基本特点是没有始祖、没有教义、崇拜多种神灵，没有组织、没有固定的庙宇教堂、没有专门的神职人员。萨满教的主要活动是跳神。另外萨满教还有一个显著的特点，就是萨满教者多为女性。

古代满族信仰萨满教，神职人员分为管祭祀的家萨满和跳神的萨满。以后，受佛教、道教和儒家思想影响，崇拜对象变得多元化。一般满族家中供有观世音、关公、楚霸王神位，还喜欢供一个"锁头妈妈"，用麻线栓一支箭在门头，一年祭三四次，祭时一般在晚上把箭头拿下来，摸黑磕头，祈求"锁头妈妈"保佑一家平安。

萨满是"巫"的意思，是多神论。萨满教信奉世界为三层，上层为"天堂"，诸神所居；中层为人类所居；下层为"地狱"，鬼物所居。人类的祸福是诸神赐给的。猎人离家外出捕猎，要祷告诸神。祷告猎神，求得能多捕获一些猎物；祷告路神，求得在密林中不迷路；祷告福神，求得在山里少受痛苦。

早期满族人敬的神多达一百多种，大多是女神，只有几个是男神。经常出现的男神是猎神。各种神都有偶像，有的是泥塑的，有的是木制的，也有用布缝的。猎神身材魁梧，佩带弓箭，嘴边还有两缕小胡，形象逼真。

萨满一词最早是在我国史籍中出现的。《三朝北盟会编》中记载："兀室奸滑而有才。……国人号为珊蛮。珊蛮者，女真语巫妪也，以其通变如神。"人们既然创造了被崇拜的神，必然把自己的安危与福祸寄托在这些神的身上。于是逐渐形成祈求"神灵"的各种祭祀活动。这便产生了交往于人和神之间的使者——萨满。

萨满教信仰的"神"有几十种，其中属于自然崇拜的"神"有天神、地神、风神、雨神、雷神、火神。还有来源于众多动物名目的神。所有这些"神"，都有自己的偶体和偶像。比如"熊神"是以一张熊皮为其偶体。有的削木为偶，有的以石为偶，有的把被崇拜的"神"绘制在纸上或布上。

这些偶像还不是真正的"神"，只能作为象征而存在，要通过这些偶像与真正的"神"打交道，需要能通"神"的萨满。可见萨满是古代社会中作为现实世界和超自然的世界之间的沟通者。

萨满非世袭，上一代萨满死后，相隔数年，产生出下一代萨满。新萨满被认为是上一代萨满的"神灵"选择的。因而婴儿出生时未脱胞者、神经错乱者、久病不愈者，被认为是当萨满的征兆。学习当萨满者，要学会祭神的祷词，熟悉萨满宗教活动的内容。最后考试时，跳得神志不清，才被认定这是萨满"神灵"已附体，这才取得进行宗教活动的资格。

萨满教的各种活动是由萨满来主持的。在各姓氏部落中，都有自己的萨满，萨满分为家萨满和野萨满。家萨满作为侍神者，主要负责族中的祭祀活动。野萨满（又称大神）是神抓萨满，即神灵附体的萨满。神抓萨满的活动包括医病、驱灾、祈福、占卜、预测等人们需要解决的问题。各姓萨满祭祀的程序和内容并不完全相同，各有自己的特点。满族建立政权尤其是入关之后，萨满教活动并没有停止，乾隆年间制定了《钦定满洲祭神祭天典礼》，主要有堂子祭和坤宁宫祭，不过祭祀的程序内容已不同于民间萨满祭祀。

4.5 萨满的宗教活动职能

一是"消除灾祸，保佑人的平安"，为祭家消除灾祸。二是"为病人祭神驱鬼"，这是萨满经常性的宗教活动。根据患者的症状，如果认为是"外来的鬼"致病时，在大门外或村边上生起篝火，萨满在篝火边"跳神"，并做象征性的射击，表示"驱鬼"。如果认为是触犯某一种神致病时，便杀猪、杀牛或杀羊进行祭礼，由萨满主持献祭，"请求神的宽恕"。遇到病危的患者，认为其"灵魂"已经离开肉体，到了"阴间世界"，便在夜间祭祀，萨满的"神"到"阴间"把病人的"魂"带回来附还于肉体。据说不管你患了何种病，病情多么严重，萨满都可以用不同的办法给你治好。三是"祈求生产丰收。"不同地区的生产活动方式不同，祈求生产丰收的宗教活动的形式也不同。狩猎的人长期捕获不着野兽时便供祭萨满的"神"。祭祀时先用柳条做成鹿、猪等模型，萨满披挂上阵，做拉弓射箭的模样，将鹿、猪模型纷纷射倒，这时猎人便可以上山，据说便能获得大批猎物。如果遇到旱灾、虫灾或水灾。萨满又披挂起来，去祭祀"河神""虫神"，以求风调雨顺，害虫绝迹，牲畜兴旺，五谷丰登。

　　在中国东北诸民族萨满的跳神仪式中，尽管不同民族的萨满有不同的程式，甚至不同的氏族之间亦不尽相同，但基本程序是完全相同的：请神——向神灵献祭；降神——用鼓语呼唤神灵的到来；领神——神灵附体后萨满代神立言；送神——将神灵送走。这样，请神（献牲）、降神（脱魂）、领神（凭灵）、送神便构成了阿尔泰语系诸族萨满仪式的基本架构。此外，阿尔泰语系诸族中的一些民族还有许多相同内容的祭祀仪式，譬如蒙古族、达斡尔族、鄂温克族都有祭敖包的萨满仪节；鄂温克族的"奥米那楞"，鄂伦春族的"奥米南"，达斡尔族的"斡米南"，都是同一性质的萨满集会活动。显然这是东北阿尔泰语系诸族长期互相影响与融合的结果，同时也反映了东北地域文化的某些共同特征。

第五章

濒于失传的语言文字——满文满语

满族作为中华民族的一员，不仅在中华民族发展史上做出了杰出贡献，而且也在人类文明进步史上书写了浓墨重彩的一笔，留下了极其丰富的文化遗产，满族语言文字便是这些文化遗产中的瑰宝。

5.1 满语的源流

在漫长的历史演变中，古老的貊人、肃慎人，通过不断地与周边各民族融合，最终在 17 世纪形成了一个新的满洲的满文写法（manju），满语也随之从肃慎语 – 女真语演化而来。和北方其他民族语言一样，满语在其形成过程中主要受到了蒙古语的影响，两种语言有不少共通词汇，如：bi（我）、bayan（富有）、mini（我的）、holo（山谷）等，但满语与蒙古语属于不同语族，双方无法直接对话。

满语属阿尔泰语系满 – 通古斯语族满语支。历史学家和历史比较语言学家都认为，使用阿尔泰语系各种语言的民族，早期都源于中国的北方。学者一般认为满 – 通古斯语族共有 12 种语言，主要分布在中国、俄罗斯和外蒙古。中国有满语、锡伯语、赫哲语、鄂温克语、鄂伦春语、女真语 6 种。

在清朝的时候，满语亦称"清语""国语"，在书面语中辅音有 29 个，其中 3 个只用于拼写汉语借词。元音有 6 个，无长短之分，有复元音。满语标准语具有元音和谐律，但不很严整，有语音同化现象。具有黏着语的特点。基本语序为 SOV，即主语在前，宾语居中，谓语在后。虚词较丰富，可灵活表达语法意义。名词有格、数的变化。动词有时、态（注意：不同于时态）、体、式、形动和副动等形态变化。满语是一种表达形式丰富、形式多彩的语言。

5.2　满语的语音语法

根据现代学者的研究，清代的满语大体上分为南音、北音、东音、西音四种方言。以辽宁省一带，特别是盛京（沈阳）城一带的口音称为南音，又以属于这个方言区域的建州音为标准音编制文字（满文）；以黑龙江省以及黑龙江以北广大地区的口音为北音，该口音与赫哲语、鄂伦春语等接近；从乌苏里江以东到东海之间所属的各地口语被称为东音；清朝入关，满族迁入北京城之后，各地满族人以书面语（即建州口语）为标准语，又带来各自本地方言口音和地方性词汇所讲出来的话最终形成了北京口语，即西音。西音大体上与建州口语是一致的。

满语本族语书面语有 6 个元音音位，19 个辅音音位。元音分阳、阴、中三性，同性元音互相和谐，辅音也有和谐现象。满文字母在词头、词中、词末的书写方式不同。

满语和开音节语言接近。元音及 "n" 辅音作词尾收音的词汇占绝大多数，和日语近似。满语部分词以复辅音分隔元音，例如 abka（雨、天空），ilha（花）；其余大部分词则以单辅音分隔元音。这种开音节语言的特质，在作为书面语的满语南部方言中是确定无疑的，在其他方言中未必尽然。在满语书面语产生以后，满语向开音节语言的趋势逐渐明显，例如 abka（雨）和 abtara-mbi（喧闹）在书写时多简化成 aga 及 atara-mbi。

满语最初以建州女真方言为规范语，经过上百年的发展，吸收了其他女真部落及锡伯族等民族的语言后，满语在北京发生音变，产生新方言，称为"京音"。其特点包括动词词尾 -mbi 的 b 不发音，ci、ji 的元音发音极轻，ong、oi 读成 eng、ei 等。但是满语的口语与书面语一致，发生音变之后，书面语也随之发生改变。

满语词汇包括名词、代词、动词、形容词、副词、数词、后置词、连词、拟声词、拟态词、感叹词、助词。名词和代词有格和数的变化。数词分为基数词和序数词。形容词有程度和级的变化。动词有时态和格、式的变化，分别分为现在时、过去时、将来时，主动态、被动态、使役态，陈述式、祈使式、条件式等。满语名词中从其他语言借用词汇的现象比较明显。

在阿尔泰语系的特征方面，满语主从复句比较发达，语法与汉语区别很大，与日语及韩语接近，部分学者将之共列阿尔泰语系。满语受其他语言的影响在满语影响汉语的同时，满语亦吸纳了不少汉语借词及发音。例如非圆唇元音（y），例子有 sy(佛寺)、Sycuwan（四川）；汉语塞擦音，例子有 dzengse(橙)、tsun（寸）。除了汉语借词外，满语亦有其他语言的借词，例如蒙古语。例子有 morin（马）和 temen（骆驼）。

5.3　满族文字的创制与散失

满语属阿尔泰语系满—通古斯语族满语支。满族先人女真曾经使用过女真文，明代失传。属于黏着语，语音上有不完全元音和谐现象。满文是在蒙古文的基础上加以改进而成的一种竖直书写的拼音文字。满族文字创立于 16 世纪末。宋、金时代，女真人曾有过自己的文字，早期女真文字是从汉字脱胎出来的表词——音节文字，但久已失传。16 世纪末，努尔哈赤统一东北各部后，为统一女真各部的需要，命额尔德尼和噶盖二人借用蒙古文字母拼写满语，创立"无圈点满文"，史称"老满文"。由于蒙、满语言有差别，借用蒙文字母不能全部表达满族语言，17 世纪清太宗皇太极又命另一位学者达海对这种文字加以改进，在字母右侧加"圈"加"点"，用来区分语音，以更加方便读写。后来被称之为"有圈点的满文""新满文"或"达氏满文"。满文为行文从上至下、由左至右竖写的拼音文字。满文是一种全音素文字。清代前、中期大多用满文发布诏、诰等，成为奏报、公文、教学、翻译和日常生活中使用的主要文字。乾隆以前满文奏折繁多，远超过单独的汉文奏折。其中顺治朝及以前多单独的满文奏折，康熙雍正两朝满汉合璧类奏折居多，单独满文或单独汉文均很少。满文作为一种官方文字，在清代长期使用，一度成为在全国范围内广泛使用的文字，留下了大量档案资料，成为中华民族文化宝库中的瑰宝。

清光绪十年（1884）新疆建省后，使用满语的人数达四万余人，其中除满族外，锡伯族、达斡尔族等民族也使用与满语相近的锡伯语、达斡尔语等语言。清朝统治者在保持满贵族优先前提下，很大程度上采取了汉化政策。满族丢失母语是有个过程的，也许并不像通常人所说的那样，到清代中期就不大有人会说满语了。一些资料证实，直至清末，京师的某些下层满族还在使用满语。时至辛亥以后，才逐渐消失的。不过 20 世纪中晚期，只有远在黑龙江流域与嫩江流域的少数村屯的满族人，还存在一些日常的满语会话。

5.4 满族文字作用的消退

17 世纪 40 年代以后，大量满族人入关，同时大量汉族人移居关外，中原地区先进文化的包围及环境的影响，使得入关的满族人及留在东北的满族人，逐渐地习用了汉文。虽然清政府一再强调"国语骑射"不可偏废，并采取了很多办法，但都未能如愿。清光绪九年（1884）新疆建省后，使用满语的人数达 4 万余人，其中除满族外，还包括锡伯族、达斡尔族等民族也使用满语。到清中期以后，满语逐渐被放弃，满族基本上使用汉语北方方言，只有旗人内部和旗籍官员，在一些特定的场合仍然必须使用满语。在中原，自康熙晚期开始已少有满文奏章。到 20 世纪 80 年代，除了东北个别边远地区和新疆的锡伯族少数老人尚能使用满语外，满语已经消失了。但是，作为曾经广泛使用的语言，满语在许多地方的汉语方言中留下了深深的印记。东北各地和北京等地的汉语中，还保留有大量的满语语音和词汇。留居于全国各地的驻防旗人后裔，多操掺杂着当地语音的北方方言，形成一个个的"方言岛"。目前能够掌握满文的人已经很少，只有黑龙江省少数乡镇的老人和部分语言学专家还能使用这种语言。目前在黑龙江哈尔滨的黑龙江大学有满语研究所。不过锡伯族、达斡尔族等民族的语言文字实际上可以被视为稍加改动的满语，他们一直使用这种语言至 20 世纪中叶。目前生活在新疆的锡伯族人仍旧在进行锡伯文的教育，并出版有锡伯文的报刊。满文通行约三百年。

满族人入主中原后，在经济、文化、生活上与汉族交往密切，逐渐学习汉族语言、文字，对汉字学习和应用的普遍性使提高书写艺术性成为必然趋势，一批满族书法爱好者随之出现。到了康乾盛世，直至嘉庆年间，满族上层社会书法家以群体规模登上文坛。后经辛亥革命至今，满族书法作为中国多民族大家庭文化的一部分长盛不衰。

第六章

重拾儿时的记忆——满族传统体育活动和游戏

满族是勤劳勇敢的民族，有着悠久的历史。在长期的生产劳动、军事活动中，满族不但创立了自己的语言、文字，形成了自己独特的民风习俗，而且由习俗逐渐演变形成了独具民族风格的传统体育项目。这些体育项目，随着社会历史的发展与变革，有的失传，有的演变，但大多流传了下来。这些满族传统体育项目的形成，与其民族的风俗习惯有着极为密切的联系。

6.1 满族民间传统冰雪体育

由于东北地区结冰期长，一年之中差不多有四分之一的时间是结冰期，所以满族一向把冰雪视为圣洁的象征，滑冰滑雪活动，广泛流传于东北各地满族民间。

固俗：乾隆皇帝的《冰嬉赋序》中的"同俗"，就是指当时百姓冬季的体育健身习俗之一——民间的所称的"跑冰鞋"，这是沈城（现在的沈阳）最早的一种滑冰运动，源于满族渔猎时期。最早使用的跑冰鞋，是用兽骨制成。随着生产力的发展和滑冰技巧的提高，沈城冰鞋演变成双刀与单刀两种。冰鞋木底上嵌有铁质冰刀，刀比木底短，停止转弯可借助木根。比赛者穿上冰鞋进行比赛，内容有比速度、"转龙射球"等。

滑冰车：所谓滑冰车，是用一块长二尺左右的长方形木板，在板下装上嵌铁条的横木做成，站在冰车上，双手紧握冰钎，向前支撑滑奔；另一种是指人在爬犁上，以冰钎子撑地，或借地形的坡向前滑行的一种体育活动。

踢行头：在清代十分盛行。冬季在冰地划界，两队队员脚蹬靰鞡（冬季保暖的鞋子），来往攻守，将行头（熊皮或猪皮缝制的圆月形绵软物，或以猪膀胱灌鼓为囊，形如今日之足球）踢入所画线中，得分多者为胜。

"雪地走",是类似竞走的一项体育活动。这一形式也称走百病,是由降雪后妇女穿上"寸子鞋"结伴在雪地行走,看谁走得快而不湿鞋这种活动演变而来的。这一活动在清代的文献中多有记载,如《清稗类抄》第一册《时令·满洲岁时纪略》载:"正月十六日妇女步平沙,曰走百病。"《郎潜纪闻》也说:"京师正月朔日后,游白塔寺。……十六夜,女子出游,谓之走百病。"反映出这一类似的活动在当时是很流行的。

"雪地走"比赛的形式,包括有60米、80米、100米和400米接力竞走等,比赛的场地可利用田径跑道。参加者一般脚穿底垫10~15厘米高度的鞋子或木屐。发令后,选手快速离开起点线,不得抢行,抢行两次即取消比赛资格。行走时两臂前后摆动,既要巧妙地掌握好身体平衡,又要有一定的速度和耐力。途中不得串线,按到达终点先后排列名次。"雪地走"比赛形式除速度竞走外,还有在音乐伴奏下做各种不同动作与各种队形交换的表演和表演赛,以表现动作协调和节奏的美感。这一活动形式对掌握身体平衡,协调动作和节奏,以及对下肢和腹部的锻炼都有一定的价值。

6.2 满族的传统体育活动

珍珠球,俗称"踢核""踩核""扔核"。满语"核"字是"尼楚赫"的简约音,本是珍珠的意思。珍珠球运动来源于生产劳动——采珍珠,是一种球类比赛项目。是满族人民传统的体育项目,现为全国"民运会"竞赛项目,珍珠球是在水区、限制区、封锁区和得分区的场地内,双方运动员各6至7名进行比赛的一种体育项目。珍珠球比赛不仅要求水区内的4名队员具有良好的个人技术、良好的配合意识,还要求水区运动员与抄网队员默契配合,具有很高的观赏价值。

比赛时,水区内双方各有4名运动员负责进攻或防守,进攻者可将球向任何方向传、拍、滚、运,目的是向站在本队得分区内的持抄网队员投球得分。封锁区内有2名持蛤蚌(球拍)的对方队员,用封、挡、夹、按等动作,阻挡进攻队员向网内投球。每队有1名持抄网队员在得分区活动,用拍网试图抄（采）中本方队员投来的珍珠（球）。每抄中一球得一分。在规定的比赛时间内，得分多者为胜。

珍珠球这一体育活动，源于生活、鲜明生动、多姿多彩。场上攻守往复，银球穿梭飞舞，4只蛤蚌急张忽合，一对抄网频频有所斩获……紧张激烈、精彩绝妙，令人目不暇接。珍珠球，将体育运动之矫健与生活劳作之优美，紧密融汇在一起了。

拉地弓，是满族民众在农业生产间歇时普遍开展的一项较力型活动。其具体形式是双方皆席地而坐，两足相抵，双手同握一根木杠或锄把，往自己方向拉，以将对方拉起为胜。拉地弓比赛的参赛人数不限，一般为二人一组，采取抽签决定场地和内外握杠的方式。比赛为三局两胜制，第二局互换场地和内外握杠。如各胜一局，再以抽签法确定第三局场地及握杠法。比赛过程中，对抗的两人均席地而坐，两足相抵，膝部不得弯曲，双手同握住木杠。裁判待两人用力均匀，杠子处于中间状态时，发令比赛开始。此后，两人即用力向自己一方拉杠子，一方臀部先离地面或杠子脱手即算失败。比赛时，故意分腿以脱脚者属违例，三次违例者为负一局。比赛停止时，双方都不得突然松手而使对方猛然跌倒，以免造成危险，应礼貌结束比赛。

"狩猎"活动，是满族猎手经常进行的一项传统体育形式。最初是猎手双方以猎物（如虎、熊、狼、豹等模型）装入对方背篓者为胜，后演变为满族的一项传统体育活动。"狩猎"比赛是在边长15米的正方形场地中进行。比赛时，上场两队，每队3人。两队队员均身背背篓，分别站在场地中线两侧。比赛开始后，各方队员将本队沙袋通过传递等动作投入对方队员背篓中。被逐目标可进行奔跑躲避或用手拦挡沙袋，但不能把对方沙袋握在手中或抛掷出去，投中者即可得分。每得一分，双方都要回到本队场地一方重新开始。比赛中如有犯规动作则要罚分，最后累计得分多者为胜。"狩猎比赛分为两局，竞赛20分钟，局间可以调换场地，也可换人。队员所用背篓由塑料制成，高20厘米，篓口呈半月形，也可用塑料小筐代替。沙袋用帆布缝制，重约20克，双方以不同颜色区别。"狩猎"活动，在一定程度上与现代篮球进攻和防守的基本功训练相似，对锻炼身体器官，提高速度，增强灵巧性、准确性和判断力以及队员之间相互合作都有着积极作用。

踢石球，是流行在甘肃满族人中的一项体育活动形式。由于多数满族人

力。二贵摔跤兴盛于清末至民国期间，新中国诞生后，很快得到普及与发展，"文化大革命"期间又几近消亡，党的十一届三中全会特别是1984年以来，经过隆化县文化部门的挖掘、整理、提高，二贵摔跤逐渐成为隆化乃至河北省的文化品牌，多次在国家级各类比赛中获奖，在全国引起了很大反响。二贵摔跤曾五次代表河北省参加全国少数民族传统体育运动会表演项目的比赛且均获金牌，并先后在第一届国际民间艺术节、全国首届单、双、三人舞蹈大赛等国家级比赛中获奖。中央新闻纪录电影制片厂专门拍摄了纪录片《二贵摔跤》并通过国际频道在150多个国家播放，使这个传统项目走出了国门。近年来，二贵摔跤已由一人表演增至6到8人，成为群舞，从而更加重了其迷人的魅力和火爆的气氛。但由于经济等原因，二贵摔跤又濒临衰败，在农村几近消亡，就连它的发祥地隆化县石灰窑沟村也少有人问津，亟待保护。

赛威呼，威呼是一种民俗，早年捕鱼采珠是部分满族人世代相传的职业。每年农历七月十五这天，按满族风俗，要举行纪念祖先和庆贺丰收的各种活动。这一天，漂泊在外的满族人都将缅怀先辈和家乡的心愿寄托给顺流而下的小船。聚居农牧区的满族人弃渔从牧，只能将放船的习俗变为具有象征性的划旱船形式。清代赛威呼不但是儿童的游戏，还是重要的军事体育项目。赛威呼比赛，5人一组同时进行，4人朝前一人背对之，成员左右手共握两根竹竿，竹竿上下运动，如同在船上持桨划水，全队人疾跑如飞，起跑后齐喊"伊勃棱格（进、前进），哎嗨哟"来掌握节奏和速度，以为首者胸部撞终点线为胜。赛威呼活泼诙谐，极富有娱乐情趣。威呼，只是到了近现代随着机动船的增多和能造独木船的独木树越来越少，江中的威呼才逐渐地远离了我们的视线。所幸辽宁省等地区的少数民族体育中还有赛威呼（赛旱船）的传统特色体育项目。

满族的骑射

尚武而富有竞争精神的满族，尤其喜爱各种争力斗巧的竞技游戏，最高统治者甚至把它当作保持满族尚武传统的措施加以提倡和鼓励。而骑射是满族统治者津津乐道，并引以自豪的根本。

建州女真后裔王杲在世时，女真人开始将骑射由主要生产方式，转而视为重要的军事技能。至努尔哈赤时期，女真人的骑射习俗更加发扬光大。努尔哈赤的童年时代，建州女真除了从事农业生产之外，狩猎、军事活动和尚武风气已很浓厚。凡是善于骑射、勇于征战和长于驱逐野兽的人，众人都誉为"巴图鲁"（英雄），女真人不论长幼都传授骑射，童子手持"木弓柳箭"，进行操练，长大成人后，再换成拉力较大的"角弓羽箭"。这项技艺，在女真人中是不可或缺的。一般说，女真人能骑善射，而那些超群出众的人，无不是以骑射技术获得最高荣誉而常常夸耀于众，以致于骑射形成了女真族的传统习俗和特征。17世纪初，朝鲜使臣李民寏曾到建州，看到建州十岁儿竟能骑马如飞，驰在荒野之中。而妇女，也同男子一样，执鞭跃马，驰逐自如。

清太宗皇太极把骑射视为满族的民族传统，取胜的法宝。他怀着强烈的民族意识，不失时机地强调骑射为"八旗根本"，"立国的根本"。他命令诸王、贝勒、大臣等，要"亲率人习射。子弟辈壮者，当令以角弓羽箭习射。幼者，当令以木弓柳箭习射。如不执弓习射好为博戏，闲游市肆者，射中者赐酒宴、得奖赏，不中者受训斥，甚而罚做苦役"。并且建立"禁延射者"和"十五善射"，挑选精于骑射的满族官兵赏顶戴花翎，并享有陪皇帝出巡打猎、骑射的殊荣。骑射逐渐演变成为满族传统的民风民俗和体育项目，除沿袭女真族骑马、射箭外，还有骑马捶丸（击球）、跳马和跳骆驼等古朴项目。击球，原为金代盛行的竞技活动，至清初仍沿之。后渐淡然。跳马，亦称赛马，一是并马而驰，竞赛速度；一是马上杂技，马上腾身互换，单足或双足立于马背飞驰，"曲尽马上之奇"。跳骆驼，是以八尺高以上的骆驼立于庭，捷足者跃起越过驼背，落地直立不仆为胜。乾隆皇帝很喜欢这种竞技，每次去木兰围场狩猎，途中都要进行这种比赛。据载，"未至木兰之前，途次每到行宫，上辄坐宫外较射。射毕，有跳骆驼、布库诸戏，皆以习武事也。"跳骆驼竞技，需要极好的弹跳力和掌握平衡的功夫，没有长期的艰苦训练是办不到的，故被时人称之为"绝技"。

举重石，亦为满族骑射训练的一种辅助运动，后来演变成满族传统的体育项目之一。举重石包括举石锁、石蛋、石筐等，它是清代武举考试的重点科目之一，也是以练臂力、拉弓射箭为目的的一种体育项目。分单手举、双手举，石亦分大小轻重，规格不一。石形各异，有长方形或石盘、鞍形等。比赛时，先以石的轻重，分别等级较量，继以所举次数、高度及举起后所做各种步式动作及时间长短等分胜负。今天这种体育活动仍在民间流传，农村青年男子，每在山地田间劳作小憩，往往哄然而起，搬举重石较技力，或投掷石块，以赌掷之远近及命中率。

随着社会的发展，满族人的农业经济取代了渔猎经济，促进了商品流通和市场繁荣。努尔哈赤兴兵以后，骑射已由生产手段转化为战争手段。但是在清王朝江山稳固之后，历经几个世纪，骑射逐渐演变成娱乐、消遣和强身健体的民风民俗与传统体育项目。

"跳骆驼"，满语叫"跳特猛"。"跳骆驼"是适合男孩玩的游戏。它互动性强，具有一定的刺激性，同时还需要运用智慧和勇敢。玩法是：约10人为一驼队。每人弯腰，把手放在膝上作骆驼状，"驼"间稍拉开点距离。发令后，队列最后一人跳起，依次从九条"驼背"上分腿跃过，然后，高喊一声"到"，仍俯身作驼状，哪组最后一人先跳完，哪组为胜。"跳骆驼"的另一种玩法，与体育项目中的"跳小山羊"类似。游戏前，先选择一块空地作为游戏场所，以平整干燥的土地为佳。参与者人数不限，以5至8人比较合适。5人称为"五虎上将"，8人称为"八仙过海"。大家通过猜拳定输赢，输者先站在场地中间，弯腰后把双手放在脚踝处，充当一匹"骆驼"。其他人则离开"骆驼"一定距离，排好队一个接一个依次起跑，双手一撑骆驼后背分腿越过。没有越过者，则顶替先前"骆驼"的位置。每跳完一轮，骆驼就把后背抬高一点，从而增添越过的难度。该游戏被称为"勇敢者的游戏"，胆小者不适合参加。但在游戏中，应该注意安全。为此，可以在"骆驼"身边站一名"救生员"。发现跳跃者即将倒地时，救生员可及时扶住。

"斗赚绩"（撞拐）又称为"斗鸡""撞脚馒头（膝盖）"。这是适合两名男孩参与的对抗性游戏。蟋蟀，是一种善斗的昆虫，在方言中称为"赚绩"。作为一种对抗性游戏，与这种斗虫毫无关系，只不过是一种形象叫法。游戏时，双方提起左腿弯成一个尖角，右手托住左脚的脚背处。然后，双方用右脚独行，以左腿弯曲的膝盖作为武器（类似赚绩的牙钳），向对方发动进攻。撞击的部位，只能是膝盖。如果一方被撞击后跌倒，或者体力不支放下左腿，则宣告失败。比赛中，双方斗智斗勇使尽浑身解数：或佯装后退让对方扑空；或抬高左膝居高临下；或避其锋芒从侧面进攻。两名高手势均力敌的精彩比赛，往往激战十多回合才分出胜负。

欻嘎拉哈，嘎拉哈是满语（galaha），汉语译过来是"骹骨"，也就是膝盖骨的意思。欻嘎拉哈实际上就是玩动物的膝盖骨，以猪的膝盖骨为主，也有羊等动物的。在河北秦皇岛一带，就直截了当叫"骨子儿"，把玩骨子儿游戏叫做"欻骨子儿"。

欻嘎拉哈中，欻（chuā）本是象声词，如"欻的一下子"。在通辽的口语中它变成了动词。这"欻"反映了通辽的孩子极快地把嘎拉哈撒开的声音和动作，而且非常准确。因为，玩嘎拉哈这种游戏，就是要一次次"欻"地把其撒开，才能玩成。所以，这个"欻"是极妙地描绘出嘎拉哈是用怎样的动作来玩的了。欻嘎拉哈是满族的传统游戏。通辽受满族风俗影响很深。欻嘎拉哈是满族先人在历史发展中形成的，由于民间游戏源于大众，土生土长，容易被老百姓接受和传播，所以流传极广，甚至在清入关后遍布中原。

嘎拉哈的四个面分别称"针儿""驴儿""坑儿""暴儿"，利用四个面的不同组合分别进行"弹""抓"。欻嘎拉哈还要与布口袋并用，布口袋用六块同样大而不同颜色的布缝在一起，里面装苞米楂子或黄豆。玩时，把口袋向上扔起然后凭记忆去抓相同的嘎拉哈，在口袋落下时接住。玩的方法很多，小男孩玩的是叫打嘎拉哈，把嘎拉哈三五个一堆或更多的堆在地上，用自己的一枚嘎拉哈打堆好的嘎拉哈，打中者把一堆拿走，不中就往堆上放一枚。女孩则在炕上欻嘎拉哈，记分，先把嘎拉哈的四个面各翻一遍，各面得分不同，后搬针儿，最后合计分数，分数最高的为赢。在活动中，满族女孩子把它抓来抛去，可以锻炼手的灵巧性，做得一手好针线活。古代的满族女子六七岁即开始学针线，为出嫁做准备，因而大都必须有擅女红的巧手。手笨的女子如果不能赢得婆家的青睐，便将遭遇生存危机。所以，过去欻"嘎拉哈"，不仅是闺中游戏，而且还是生存训练。随着清朝定都北京，满汉文化融合，玩嘎拉哈也传遍大江南北，后来这一游戏在汉族女孩中也开展得非常普遍，玩法也花样翻新。

老鹰捉小鸡，俗称"黄鹂吃鸡"，又叫"黄鼠狼吃鸡"，是一种多人参加的益智娱乐游戏，在户外或有一定空间的室内进行。这种游戏，对发展学生灵敏性和协调能力，培养学生的合作意识有一定的促进作用。游戏开始时前先分角色，即一人当母鸡，一人当老鹰，其余的当小鸡。小鸡依次在母鸡后牵着衣襟排成一队，老鹰站在母鸡对面，做捉小鸡姿势。游戏开始时，老鹰叫着做赶鸡动作。母鸡身后的小鸡做惊恐状，母鸡极力保护身后的小鸡。老鹰再叫着转着圈去捉小鸡，众小鸡则在母鸡身后左躲右闪。在游戏中先以猜拳定出老鹰、鸡妈妈、小鸡仔，鸡妈妈后面依次是小鸡仔，"老鹰"不许推鸡妈妈，只能跑动避开鸡妈妈，抓到鸡妈妈后面第三个以后的"小鸡"，即为一次游戏结束。鸡妈妈可以抓、拽、推、抱"老鹰"，张开双臂跑，尽量挡住"老鹰"。鸡妈妈在拦的同时，可以大声喊着老鹰从哪边过来了等话语，告诉自己身后的小鸡仔们。鸡妈妈的身体为防止老鹰的捕捉，可以左右移动，在鸡妈妈身体左右移动的同时，鸡妈妈身后的小鸡仔们也随着以相同方向来转动，万一老鹰突破了鸡妈妈的防线，快要抓住最后面的小鸡仔时，小鸡仔立即蹲下，双手捂住耳朵，这样老鹰得重新站在鸡妈妈的前面，游戏就不得不重新开始。"小鸡"依次抓住鸡妈妈或前面"小鸡"的衣服，跑动避开"老鹰"的抓捕。如小鸡散开，即为一次游戏结束。下一次开始时，被抓住或散开的"小鸡"做"老鹰"，排尾的"小鸡"做老鹰，原来的"老鹰"排在鸡妈妈后，原排尾倒数第二的"小鸡"排在原"老鹰"之后。

满洲棋，亦称满棋、一统棋，是清代的象棋变体。与汉族的象棋很相似，棋盘、棋子相同，但棋子功能有的稍有不同，具有满族独特的特点。《清稗类钞》说："行满棋者，置将一、士二、相二、兵五外，余仅一子，能间车马炮三用。故一交手，及纵横敌境，守者稍不慎，满盘皆无补救。此虽游戏，然可想见入关后索伦兵之气概也。"下满棋时，红方将自己的一车、双马、双炮去掉，剩下的车具有车、马、炮的走法、吃法。其余规则同一般中国象棋规则。

翻绳，又称解绷，民间俗语称为"改绷"。这种儿童游戏，在辽宁省新宾地区广为流传，女孩参加"解绷"游戏居多。先将三尺来长的"磅线"系成环形绷套绳，然后用双手的拇指和食指将套挽几下绷起来形成个花样。解绷时，用四个手指，插到绷绳花样内往上一翻。一般的也就翻接 2—3 个花样，玩这种游戏都要比一下谁翻的花样多，谁就胜利。"解绷"的花样顺序大致可分为：面条、花手绢、牛槽子、拨椤槌、鸡屁股等。在游戏过程中遵循两人翻，翻错者负；按步骤翻，翻出的必须有名称；不允许翻死结等规则。

第七章

感受灵动的艺术——满族音乐舞蹈

7.1 满族传统乐器

满族传统乐器与满族人的生产生活有着密切的关系，大多数直接或间接萌芽、产生于生产生活用具之中。虽然经过漫长的历史传承，发生了不同程度的变异，但仍然可以找到生产、生活的痕迹。满族的传统乐器有鲜明的民族特色，具有丰富的社会内涵，是满族及其先世古老文化的延续和传承，是中华民族艺术宝库中的珍贵财富。

满族传统民族乐器种类较多，吹奏乐器、弹拨乐器、打击乐器皆有。吹奏乐器主要有：牛角、鹿哨、龙笛、贝等。弹拨乐器有：满族琵琶、渤海琴、莫库尼（口弦琴）等。打击乐器有：节、八角鼓、嚓拉器、哈尔马刀、神铃、铜镜、腰铃、同肯、单鼓、依姆钦等。

牛角历史久远，其起源与原始狩猎的巫觋等活动有密切关系。在我国的陕西、河南、山东等地，曾有新石器时代所用的陶制角出土。陕西省华县井家堡出土的一支陶角，属仰韶文化庙底沟类型，其形与牛角相似，全长 42 厘米、吹口内径 1.8 厘米、喇叭口内径 7.4 ~ 7.6 厘米，管壁厚 0.8 ~ 1 厘米。这支陶角虽吹口较细，但仍能吹出声响，音量还较大。当牛角等兽角普遍使用之后，方有这种陶角的产生。在史前及夏商时期，无论牛角还是陶角，均作为信号器具使用。秦汉时期，角已在军中仪仗和鼓吹乐中使用，除动物的天然角以外，还出现了用竹、木、皮革、铜等材料制成的角。从《汉代鼓吹乐队图》中可以看出，汉代所用的角很大，已不是牛角等天然的角，而是人工制作的角了。古代的角，先在少数民族中使用，与牧业、狩猎生活关系密切。东晋徐广《车服仪制》中有："角，前世书记所不载，或云本出羌胡，吹以惊中国马，或云本出吴越。"（引自《北堂书抄》）《通典》也有："角，书记所不载，马融又云出吴越。"牛角是用黄牛的犄角制成，音色浑厚悠扬，最初是狩猎时的进攻信号，后来在战争中也广泛使用。

牛角多用天然生长的黄牛角或水牛角制作，常就地取材，规格大小不等，一般全长 40～70 厘米，将牛角尖端锯平，在锯口中心钻一细孔，与角的内腔相通，圆孔上端扩孔并呈钝角状，与号嘴相似。有的还在角的上端装置一个竹或木制吹嘴。

演奏牛角时，角体较小者，双手持角身吹奏；角体较大者，用左手托抱角底置于胸前，右手持角身吹奏。角无按音孔，也无固定音高，依靠口形变化和气息控制，可以吹奏出不同的音高。小者音色高亢、尖锐；大者音色浑厚、悠扬，可用于独奏或合奏。在湖南一些地区还流行有《玉皇甫》《老君甫》《山羊过坳》等牛角曲调。吹奏时用锣鼓伴奏。

鹿哨（满语"布拉"），中国北方游猎民族使用的一种拟声工具。古代女真人和契丹人都曾用以狩猎。今鄂温克、鄂伦春、赫哲等族尚在使用。多用桦木或驯鹿角制成，形似牛角，一端粗，一端细，能发出鹿鸣的嗷嗷声。开始时是狩猎时诱鹿的仿声器具，每当夏历八、九月鹿群发情期公鹿、母鹿互相鸣叫寻找配偶时，猎人即模仿公鹿的叫声吹鹿哨，鹿群闻声而至，猎人便开枪射击。这种猎鹿方法也称"叫鹿围"。后来应用于歌舞伴奏。历史记载，鹿哨，又称鹿笛、呼鹿，是历史上生活在中国北方及东北亚地区的狩猎民族特别是阿尔泰语系满—通古斯语诸族曾经广泛使用的拟声狩猎工具，后来逐渐发展出乐器功能，用作吹奏乐器。近现代满、鄂伦春、鄂温克、达斡尔、赫哲等民族及其先民都曾使用过鹿哨。

关于鹿哨起源，在民间有多种传说。在黑龙江省阿城、双城一带流传着《女真谱评》，其中有《完颜部的传说》，讲的是完颜部始祖母九天女与始祖函普成婚繁衍完颜部，直至阿骨打建立金王朝的故事。故事中也讲述九天女发明鹿哨，提高游猎效率，使族人可以获得更多的猎物。另有传说称，鹿哨为很久以前山中采药人发明。这些传说故事，经过人们世代口口相传，追忆、描述远古祖先生活情景。虽然在传承过程中，不可避免地混入了不同时代的观念，但透过这些故事、传说，后人依然可以领略历史的某些真实面貌。相比传说故事，文化遗存、史书记载更有凭有据。

契丹人是自古就生活在中国北部蒙古草原及东北地区的古老民族，在唐末至宋代建立疆域广大的辽王朝。契丹人善狩猎，并使用鹿哨。北宋欧阳修《新五代史》、南宋《契丹国志》、元代脱脱等所著《辽史》、清代杨复吉《辽史拾遗补》中都有关于契丹人使用鹿哨的记载。依据上述可考文献记载，迟至唐宋时期，契丹人狩猎时已用鹿哨、食盐引诱鹿群来获得更多的收获。

中国东北还有另一古老民族——女真。女真人与先秦的肃慎、汉晋时期的挹娄、南北朝时期的勿吉、隋唐时期的靺鞨有渊源关系。女真人在北宋末年曾建立金王朝，在明末建立清王朝。女真人善骑射，史籍中也有许多女真人使用鹿哨猎鹿的记载。

欧阳修《新五代史》卷七十三称女真"常作鹿鸣，鸣鹿而射之。"明代李辅等修《金辽志》卷六：女真"男勇善射，能为鹿鸣，似呼诱群鹿而杀之也。"清乾隆四十六年奉敕撰的《钦定热河志》卷四："哨鹿以秋分前后为期。……择林壑深幽、兽群总萃之所。……各戴假鹿首为导，其哨以木为之。随机达变，低昂应声，鹿即随至。"

关于鹿哨的使用，不光有繁多记载，还在很多画作中留下了具体逼真的形象。最著名的涉及鹿哨使用的画作当属清代朗世宁等人所绘乾隆皇帝《哨鹿图》。后世可以从画中了解清代鹿哨的具体形制特征和使用方法。不论是在流布于民间的传说故事中，还是各种史籍文献上，都能看到鹿哨的身影。从上述文献记载中，我们了解到至迟在唐宋年间，契丹、女真各部已擅长使用鹿哨。鹿哨与中国北方及东北亚众多古老民族相关联，在特殊的自然地理环境下，适应这些民族的生产生活方式而产生；也因为有鹿哨的发明与使用，大大提高了人们的生产力与生活水平。

鹿哨的制作：鹿哨由有经验的猎人自己制作，制作技艺凭借口耳相传。其形制有牛角形、喇叭形等多种，以桦树皮、桦木、松木等为制作材料。

清代杨复吉《辽史拾遗补》卷五记载，唐宋时期的契丹人猎鹿时"吹木筒作声"，他们使用的鹿哨为木质；宋代徐梦莘《三朝北盟会编》卷三记载，辽代女真人"以桦皮为角"，他们使用的鹿哨为桦树皮质地；《钦定热河志》《养吉斋丛录》中记载，清代满人"哨以木为之"，他们使用的鹿哨为木质。对鹿哨形制、质地最详尽的记载出自清代西清《黑龙江外记》卷八："金史以桦皮为角，吹作呦呦之声，呼鹿射之。今布特哈有哨鹿者，即呼鹿也。其哨以木为之，长二尺余，状如牛角而中空，国语谓之穆喇库，哨时吹穆库能肖游牝已惫之声，则牡者牲牲来。然不能人人擅长，盖亦有独得之妙焉。"西清所记述的布特哈，清代属黑龙江将军管辖，康熙年间布特哈辖嫩江及两岸支流地区的索伦、达乎尔、鄂伦春等打牲部落，治所为嫩江西岸宜卧奇；打牲部落包括了今天的鄂温克、达斡尔、鄂伦春、锡伯、赫哲等民族的先民。布特哈猎人使用的鹿哨与民族文化宫博物馆馆藏的鄂温克族鹿哨形制、材质、大小一致。

从现存的藏品资料来看，近代鄂温克人既采用桦树皮作为鹿哨的制作材料，也采用松木作为制作材料，但以桦树皮为材质的存世品较少，相对来说，木质鹿哨多些。

民族文化宫馆藏鄂温克族鹿哨，是鄂温克族老猎人西班于1946年制作的。西班于1980年将自己使用保存多年的心爱鹿哨，送给信得过的年轻人何林（何林，鄂温克族，1940年出生于大兴安岭激流河，曾做过猎人、教师，后任敖鲁古雅鄂温克民族乡书记、呼伦贝尔盟政协常委等职）。1986年，民族文化宫文物专家在内蒙古自治区喀尔古纳左旗敖鲁古雅乡征集到本件藏品。

民族文化宫馆藏鹿哨为红松木质地，牛角形，长71厘米，中间镂空，以细鳞鱼皮熬胶粘合，头部细，尾部粗并呈喇叭状；在头、尾、中间箍3道箍，在接近头尾的两端缠细皮绳为环，环上系宽皮带，便于出猎时背挎于肩或平时置放时悬挂。

从文献记载和存世藏品看，鹿哨形制丰富，造型富有变化；制作材料普通，就地取材，材质多样，易于获取；制作工艺简单，无复杂程序，也没有繁冗装饰；多出自猎人之手，质朴无华，又经济实用；是世居山林的狩猎民族在千百年的生活实践中的智慧创造。

鹿哨的使用：鹿哨作为一种拟声狩猎工具，在中国北方及东北亚广大地区各民族的狩猎生活中发挥过巨大作用。猎人使用鹿哨模拟野兽的叫声，吸引野兽的同类接近埋伏着的猎人的射程，这样极大地提高了狩猎活动的收获水平。

猎人使用鹿哨时，"常隐蔽于林间逆风之处，单手持笛站立竖奏。嘴角斜对着吹口，鹿笛吸气发音，犴笛吹气发音，其音尖细而清亮……通过口形的变化和气息的控制"模拟不同动物、不同季节发出的各种叫声。鹿哨"两头都能吹出声响。细头吹出公鹿声，粗头吹出公驼鹿声。"

使用鹿哨诱猎的对象主要是马鹿、驼鹿等。每年秋天，是鹿群的发情期，它们用叫声寻找配偶，相互追逐，此时也正是猎人狩猎的黄金季节。猎人在鹿群经常出没的林间，身披兽皮，头戴兽皮帽，携带鹿哨、武器埋伏好，使用鹿哨模拟公鹿的叫声，母鹿就会闻声而至寻找配偶，公鹿也会与笛声相和，前来争夺母鹿。猎人待鹿群进入伏击圈又毫无察觉的时候，便会射杀鹿群，得到满意的收获。

鹿哨的文化意义：鹿哨曾是中国北方以及东北亚广大地区狩猎民族普遍使用的狩猎工具。历史上契丹、女真各部及近代鄂温克、鄂伦春、达斡尔、赫哲等族都曾使用鹿哨，它是人类曾经经历过的采集狩猎时代的重要实物遗存，是代表采集狩猎时代人类生产力发展水平的重要生产工具，具有特殊的文化意义。

首先，鹿哨的创造与使用源于中国北方及东北亚狩猎民族对野生动物的深刻认知，鹿哨正是他们对丰富动物知识运用的直接成果。其次，鹿哨的创造与使用要与其他狩猎技巧、狩猎工具有机配合。因此，鹿哨的使用是人类多种知识与技能的集中体现，是狩猎工具进步与狩猎技巧提高的实物佐证。最后，鹿哨被生活在中国北方及东北亚的各狩猎民族广泛使用，有鲜明的地域文化色彩。

民族文化宫博物馆馆藏鄂温克族牛角形带箍木质鹿哨，在现存同类器物中制作时代较早，源流、传承清晰。在它质朴的外表下，集中体现了北方狩猎民族的生活经验、创造智慧以及审美观念。正是鹿哨所蕴含的历史与文化意义使它成为中国北方及东北亚狩猎民族的代表性文化遗存，成为人类文化中别致的风景。

贝，又称海螺、法螺、梵具、蠡，是藏、蒙古、满、纳西、傣、京、汉等族唇振气鸣乐器，也是满族早期吸收蒙古族的乐器。用海螺制成，螺尾钻一个小圆孔，发出呜——呜——的声音。传入满族后，常用于战争和重大仪式上。藏语称董、措董、董嘎尔。蒙古族称冻思。傣语称海三。汉语称梵贝、法螺、螺号、玉螺、玉蠡等。流行于佛教寺院和全国各地，尤以西藏、内蒙古、青海、四川、云南、甘肃、广东、广西、福建、辽宁、吉林等省区最为盛行。

海螺作为乐器的历史悠久，自古为佛教法器之一，源于印度、东南亚诸国，随佛教传入我国。佛教经典多有记载，鸠摩罗什（343—413）译《妙法莲花经》卷一中提到"吹大法螺"。《方便品》中有："若使人作乐，击鼓吹角贝，箫笛琴箜篌，琵琶铙铜钹，如是众妙音，尽持以供养。"求那跋陀罗（394—468）译《大法鼓经》上卷也有："吹大法蠡。"佛教传入西藏后，在寺院中即使用了海螺。南北朝时，海螺已在我国北方民间广泛流传，北魏时期（386—534）云冈石窟雕刻中已有吹螺的伎乐形象。隋唐时期，海螺用于九、十部乐的西凉、龟兹、天竺、扶南、高丽诸乐中。《旧唐书·音乐志》载："贝，蠡也，容可数升，并吹之以节乐，亦出南蛮。"唐贞元十七年（801），南方骠国（今缅甸）所献乐器有玉螺，所献乐曲大都与佛教有密切关系。唐代大诗人白居易《骠国乐》诗中有"玉螺一吹椎髻耸，铜鼓一击文身踊"之句。宋代《乐书》"梵贝"条有："贝，蠡之大者也。今之梵乐用之以和铜钹，释氏所谓法螺。"明代王圻《三才图会》："即以螺之大者，吹作波之音，盖仿佛于笳而为之者。"海螺除在佛教寺院用作法器外，还用于古代北方少数民族军事、劳动和娱乐生活中。据西藏古代文献记载，当筒钦尚未出现以前，在藏传佛教寺院中是以法螺为主要吹奏乐器的，后来，筒钦便取代了法螺的地位。近代，海螺在佛教寺院中，仅用于诵经间歇时演奏和羌姆表演。

现代海螺采用海水中天然长成的大海螺壳制作，螺壳呈螺旋状。大小不一，一般全长 25～33 厘米。以颜色清白或有花条纹的海螺为佳，磨穿螺尖作吹嘴，并将吹嘴做成圆锥形或直筒形，外径 2～3 厘米，中心吹孔较细，孔径只有 1 厘米，有的在螺的两端钻孔、穿以细皮绳，平时不吹奏时可斜挂于胸前或腋下。海螺装饰较为精美，一般多镶嵌铜或银片为饰，显得分外庄重和美观。不仅制成金属吹嘴，在螺身中部至螺口也镶以铜或银片，制成翅形的装饰物，在翅尾还缀有圆环，系以丝穗或彩绸为饰。西藏拉萨布达拉宫珍藏的一支银翅法螺，全长 57.7 厘米，翅长 38.2 厘米、翅宽 23 厘米，吹嘴长 11 厘米、直径 4.2 厘米、孔径 1.8 厘米，堪称法螺之最。西藏萨迦县萨迦寺珍藏有一支完好的元代海螺，相传为元代皇帝钦赐。北京中国艺术研究院音乐研究所中国乐器博物馆收藏海螺多支，螺体多为白色，带有棕色、黄色条纹或斑纹，全长 30 厘米左右，螺口为不规则椭圆形，长径 14～16 厘米、短径 4～11 厘米。其中有一支极为珍贵的清代贝，全长 35 厘米，为乾隆年间（1736—1795）所制，取天然生长的清白色海螺，镶嵌以铜制吹嘴，螺身镶嵌翅形铜片为饰，一面镂刻精美花纹，一面刻有"乾隆御制"四字。这些海螺已被载入《中国乐器图鉴》大型画册中。

吹奏时，左手持握螺口，两唇紧贴吹嘴送气，发音作呜呜声。每支海螺可发出一个基本稳定的长音，因螺身大小不同，发出的音高也各异。海螺的音色与螺纹的粗细和多少有直接关系，一般说来，螺纹细、少者音色较明亮，反之音色较深厚。除作为法器用于佛教寺院外，在藏区尼姑庵里，也要用吹贝祭奠死者。汉族地区也广为流传，在浙东民间器乐合奏舟山锣鼓中，海螺作为色彩性乐器使用。在广东、广西、福建等沿海地区，民间常以吹奏海螺召集群众聚会。

满族弹拨乐器

莫库尼口弦琴，亦称"口弦琴"是满族、达斡尔等北方少数民族共用的民族乐器。此乐器音量微弱，音域较窄，应用不广。口弦琴，鄂伦春语叫"明努卡"，也叫"天恩共"（意为铁的声音），达斡尔族叫"哈尼卡"，汉语称"口弦"。是流行于羌族、回族、达斡尔族、鄂伦春族、鄂温克族、满族（以及云南部分少数民族）中的一种簧片乐器，是中国最小的民族乐器。用金属片制成，其形状如钳，中有簧片，向上弯曲。

外形特征多为铁制（也有的用铜制），长约 12~15 厘米（或 6~10 厘米），由琴库和琴簧两部分组成。琴库通常是将一根长约 20 厘米的铁条或铜条打制成形。琴簧是用一根长约 8 厘米，宽端 4 或 5 毫米，细端仅为 2~3 毫米的极细薄的铜片。也有的口弦琴是在一个铜片中间切割出一根细长的琴簧。手持部分为圆环形，连接两根"梢形"铁条，中间夹一条薄钢片，钢片一端缠一点棉花或镶柳木柄，以便于用手来弹拨。演奏时，演奏者左手握琴库的根部，将琴簧部分置于口唇之间，右手食指抵住琴库尾部，同时用大拇指拨动琴簧，簧片震动后发出"嗡嗡"的声音。声音靠口腔、唇的开合，呼吸强弱来配合调节音量和音色。随着演奏者拨动力度以及气流大小的不同，音域、音量发生细微的变化，整个口腔也起到共鸣箱的作用，将"嗡嗡"的声音转换成"哇哇"的声音。男人多用食指的第一、二关节中间弹打，力度大，甚至身体也随节拍摆动，表现出一派男子汉的风度，音色也较为浑厚洪亮。女人则用指尖轻轻弹拨，声音也较为柔弱。音量很小时，即使在很安静的场合中演奏，也只能几个人听到。由于口弦琴的音域狭窄，音量微弱，一般只能弹奏极为简单的乐曲，供演奏者自我欣赏。琴有大、中、小之分，型号越大、声音越低、越浑厚。

口弦琴起源于何时，至今不见有资料记载。中国鄂温克族、达斡尔族以及国外的爱斯基摩人、印第安人、北欧拉普人，日本北海道爱依努人也均有此类乐器，口弦琴是狩猎民族普遍使用，且较为久远的"乐器"。鄂伦春族口弦琴作为自娱工具，多在闲暇时或狩猎的间隙弹打取乐。单调的生活也使鄂伦春人对口弦琴的演奏，赋予了更丰富的想象力和创造力，他们常常用来表达演奏者的心情，如：青年女子或失去丈夫的妇女，常在弹拨口弦琴中表现自己孤独的心情，口弦琴音色委婉哀怨，如泣如诉，让人听了十分动情。男猎手打到猎物后弹拨的口弦琴，音色较为活泼有力，表现出他们的喜悦心情。有时他们还用口弦琴模仿鸟或其他动物的叫声，还风趣地配合一些手势、动作和表情，更加生动形象。此时也是最能体现鄂伦春人特有的幽默、诙谐天性的时候，谁看了、听了都会情不自禁地被感染而捧腹大笑不已。此外，鄂伦春人常用口弦琴来表达男女青年之间的感情信息，男青年猎手常用弹口弦琴对有好感的姑娘表示爱意，如果有某男青年猎手把口弦琴捎给哪位姑娘，则意味着求爱和约会。现在，口弦琴已是鄂伦春文物了，青年人很少会弹，每当有人要求会演奏的老人弹口弦琴的时候，他们都会兴致勃勃地给表演一番。

满族琵琶，音箱较大，呈半梨形，木板蒙面，上设十品，高音品两侧有月牙形的音窗，琴头向后弯曲，上设四个弦轴，张四根琴弦。满族琵琶不仅是萨满教的乐器，也是歌舞及宴会时的主要伴奏乐器。

渤海琴，是满族先人粟末（靺鞨）人建立渤海国时上京龙泉府的宫廷乐器。已失传。古代三弦，亦称"枕琴""鳌琴"。中国古代地方政权渤海国乐器。《宋史·乐六》："有羌笛、孤笛。曰：双韵、十四弦。以意裁声，不合正律。繁数悲哀，弃其根本，失之太清。有曰：胡卢琴、渤海琴。沉滞抑郁，腔调含糊，失之太浊。"

满族打击乐器

节，又称簸箕、竹节、柳箕等。很多人都知道，簸箕既是扬米去糠的器具，也可以用来收运垃圾，今天的撮子就是由它演变的。令人惊奇的是，在沈阳音乐学院民族乐器陈列馆展柜里放着一个十分陈旧的由柳条编制的簸箕，以为是随便放在那儿的没啥用。可是馆长王学仲笑着告诉我："别小看它，它也是清宫廷里的一种乐器。"北魏时贾思勰在《齐民要术·种槐柳楸梓梧柞》中记载："至秋，任为簸箕。"这说明簸箕的历史很悠久。金代女真人开始将其用于歌舞伴奏，使其成为独特的乐器，清代满族人继续沿用。演奏时左手执节，右手拇指、食指夹握两根竹箸，以拨、打、划发出高低快慢不同节奏的音响。

民间的簸箕，多用去皮柳条编制，其背凸一面呈楞状。宫廷簸箕多用竹、麦秸编成。在清代宫廷中常用以伴舞，如演奏"扬烈舞""庆隆舞"等，在《钦定大清会典》中就有关于"节"表演的记载："司节十六人，分左右两翼并上，左手持节若箕，右手持圆竹若箸，划作其声，与乐章及舞蹈相为节奏"。《竹叶亭杂记》说"扬烈舞"："旁有持红油簸箕者一人，箸刮箕而歌"。除伴奏外，簸箕也可做舞蹈道具，用于朝廷大宴宾客的宴席上。演奏时，表演者左手持节，右手的拇指食指夹握两根竹棍以划、拨、挝、刮、爬、打等动作而发声，可长划、短划或打拨，也可划拨节的面、背、帮、沿等各部位，箸从凸凹相间的箕上滑、跳、磨、擦，令其发出快慢节奏不同的音调，以丰富乐曲的表现力，增强歌舞的节奏感。

八角鼓是满族、白族、汉族等族的打击乐器。因鼓身有八个角而得名。八角是代表当时清朝的八旗，八角鼓都有一个长长的鼓穗（谷穗），是代表年年五谷丰登的意思。八角形小鼓，单面蒙皮，周围七面嵌有响铃，无铃一面饰双股长穗。演奏时用指击鼓面发出鼓声，摇动鼓身发出铃声。今为曲艺单弦的主要伴奏乐器。八角鼓，是广泛流传于北方民间的满族乐器。以八角鼓为主要伴奏乐器并成其为象征的"岔曲""牌子曲""单弦"等曲艺演唱，在东北、华北盛行不衰。明代已开始流传于北京。原是满族八旗的八位首领各献一块最好的木料镶嵌而成，象征着满族八旗的团结。八角鼓，又称单鼓。满族、白族、汉族拍击膜鸣乐器。流行于北京、天津、河北、河南、山东、内蒙古、辽宁、吉林、黑龙江和云南省大理、剑川等地。八角鼓是满族最有特色的民间乐器。满族是一个古老的游牧民族，早在 2000 多年前就活跃在中国东北长白山、黑龙江之间的广大地区；而后又扩及河北、山东、内蒙古等省、区和北京、西安等城市。勇敢剽悍的满族人民，创造了丰富的音乐文化。民歌题材广泛，形式多样。宗教祭祀歌舞，历史悠久，气氛热烈。民间乐器几乎全部是萨满祭祀时用的响器，唯有八角鼓用于演唱伴奏和歌舞表演。

明代中叶以后，八角鼓开始流传于北京。明代沈榜《宛署杂记》中记载："刘雄八角鼓绝：刘初善击鼓，轻重疾徐，随人意作声，或以杂丝竹管弦之间，节奏曲合，更能助其清响云。"当时的八角鼓演奏技艺水平已很高，刘雄被誉为都城八绝之一。随着 1644 年清王朝在北京定都，大批满人入关，在清乾隆年间（1736—1795），八角鼓已作为鼓书、单弦等曲艺的伴奏乐器，并有专业艺人演唱，曾盛行于宫廷和北京、天津、东北各地。清代中叶，北京的八角鼓曲种沿运河南下传入山东，在聊城、临清、济宁等地，又演变成为"山东八角鼓"。八角鼓的起源，传说不一。始见于清康熙李声振《百戏竹枝词》中记载："八角鼓，形八角，手击之以节歌，都门有之。"《中国地方戏曲集成·内蒙古自治区卷》的序言记载，内蒙古满族八角鼓老艺人说："八角鼓原是满族在关外牧居时的民间艺术。满族人民常在行围射猎之暇，以八角鼓自歌自娱。"又说："八角鼓原系一种坐腔岔曲形式"，形成于"清康熙、乾隆时期"，"乾隆、嘉庆以后，已无专业艺人，仅由八旗子弟做非营业性的演出，清唱于厅堂筵席之前。"北京地区八角鼓艺人的传说，见崇彝《道咸以来朝野杂记》："文小槎者，外火器营人。曾从征西域及大、小两金川。奏凯归途，自制马上曲，即今八角鼓中所唱之单弦杂排（牌）子及岔曲之祖也。其先本曰小槎曲，简称为槎曲，后讹为岔曲，又曰脆唱，皆相沿之讹也。此皆闻之老年票友所传，当大致不差也。"《升平署岔曲》一书的引言所记略同，只是"文小槎"之名作"宝小岔"。八角鼓，木制等边八角形框，单面蒙蟒皮；七面框边内各嵌小铜钹2到3枚不等；一面嵌钉柱缀双穗垂饰；鼓框间镶嵌骨片。具体尺寸各地大同小异，尚无定制。新城八角鼓鼓面直径约17厘米，鼓框是由八块长方形硬木镶成，厚2厘米，长7.3厘米，宽4.6厘米；其中七块板上均开长方条孔，内横置一条4厘米长的金属丝，其上穿挂一对小"钹"，中间加一金属垫片；余下一板，居中透穿一铜轴，其上露出2.5厘米，为执鼓而用；其下露出1.2厘米，系一对流苏彩穗为饰；铜轴上亦穿挂小铜"钹"。八角边沿用白骨片和硬木片镶装固定，鼓面蒙之以蟒皮。八角鼓演奏时，左手执鼓，鼓面竖立，以右手指弹击鼓面而发声；摇动鼓身而发声；以手拍打鼓面而发声；以拇指搓蹭鼓面而发声。以新城八角鼓的演奏方法为例，主要演奏技巧有"弹、摇、碰、搓、拍"诸法。弹：以左手持鼓，右手指弹击鼓面，是八角鼓的基本演奏方法。分为"单指弹""双指弹""联弹"等方法。摇：以左手持鼓摇晃，使鼓与小钹碰撞发声。碰：以左手持鼓向右横碰右手指而发声。搓：以右手大指从鼓面外沿边逆转向上搓圆圈至里沿边一周，由食指弹击鼓面一次。因鼓面蟒皮刺朝下，故逆搓可使鼓皮震颤，进而使鼓框上的小钹颠响。拍：以左手持鼓，右手单拍鼓面，用于演奏完毕，以示结束。

嚓拉器，汉译"拍板"，以其"互拍而击"的演奏方式而名之。亦称"扎板"。早在渤海时期满族先人就开始使用拍板，清代拍板用途极为广泛，不仅用于萨满教活动中，还是民间及宫廷歌舞伴奏的乐器。满族拍板由两大、一小（或多个）长方形木板组成，用细绳串连在一起，演奏时相互撞击发出声音。（类似于如今的快板）为木制，不同地区萨满使用的拍板，其板片多寡不一；各片上端开有2个小孔，用皮绳相联结，下端可自由开合。《依兰县志》中所载的嚓拉器形制为："色木板3块，长1尺3寸，宽2寸，以双手击之。"北京故宫藏乾隆时期所制嚓拉器，由6片红木组成；板片的长度为40.5厘米，上端宽7.9厘米，下端宽8.5厘米，厚约1.8厘米。黑龙江省宁安县富察哈拉使用的嚓拉器，是由4片铁梨木组成；板片的长度为33厘米，宽3.8厘米，厚约1厘米；板片的上端用烙制的方法烙出一些装饰性的图案。辽宁省新宾满族自治县吴扎哈拉使用的嚓拉器较大，由3片硬杂木板组成；板片的长度为60厘米，宽8厘米，厚0.3~0.9厘米。

哈尔马力 [Halmari]，汉译"响刀"。民间俗称"哈马刀"，亦称"神刀"。金属或木制的圆头刀。在刀背和刀把上串联若干金属小环，萨满舞动时"稀里哗啦"作响。它是萨满驱魔逐妖的武器，当然，由于萨满所要对付的对象是虚幻的，所以他们并不是使用刀之刃来"砍杀"，而是用刀之响来"惊吓"。哈尔马力的基本形制为："刀或以铜、或以铁为之。其四周有孔，系以连环，摇之有声"。现今民间使用的哈尔马力，也有用轧草的铡刀替代的。但这种所谓"哈尔马力"已失去了音乐学研究所需的审美意义了，因为它已经不能够发声，而仅仅是萨满表演时使用的一种道具了。辽宁新宾吴扎哈拉萨满使用的哈尔马力，刀身长约52厘米；刀柄长约16厘米；护腕厚约1厘米；刀背上穿孔挂上铁连环3串。钮祜禄氏《满洲祭天祭神典礼》序中所载哈尔马力的形制为："长2尺4寸，宽2寸许，背有9环，柄有5环，即满洲之神刀也。"《钦定满洲祭神祭天典礼》所载的哈利马力，长75.52厘米（清尺2尺3寸6分），宽6.7厘米（清尺2寸1分）。从图上看，刀背前后附2组铁连环，每组5串，共10串；刀柄亦附有2组铁连环，一组5串，另一组4串，共9串。沈阳故宫藏哈尔马力长74.7厘米，宽6.5厘米；刀把附铁连环6串，刀背附铁连环9串，每串4环。

神铃，又叫轰勿，汉译"铃杆"，以其制作方式而名之。亦称"晃铃""桦铃"。《钦定满洲祭神祭天典礼》中称之为"铃杆""神铃"。所谓"神"是无形的，但在萨满的视界中，又是有形的——用音响"造型"。因而，许多神祇都是带着神铃下界的，即铃的声响象征神的降临，如吉林石姓萨满请下"玛克吉瞒尼"时，这位神灵"手提着神铃，光亮如托立，摇晃着戏耍着，金色神铃，诵唱着神歌进来了。"轰勿的形制在本世纪初的地方志中就有记载。按《呼兰府志》所记，其形制为"以木为之，长二尺有半，杆首缀铜铃数枚"。《依兰县志》记载的轰勿"以柞木细棍二根做成，长三尺，每棍梢系铜铃五"。可见，轰勿是由两大部分组成：木杆、铃铛。

铜镜，托力 [Toli]，汉译为"铜镜"。所谓铜镜之"镜"，并非古代照面所用之镜，而是指悬挂在萨满身上那些扭动起来"叮当"作响，或提在手中舞动的盘状铜器。其作用与西沙相似，为"镇妖驱邪"之用。在满族萨满的视界里，托力常常是那些能够发光的天体的象征，如太阳、月亮、星辰等。披在萨满的前胸与后背，曰"怀日背月"，起到避邪照妖的作用；挂在腰间，曰"日月相环"，取其日月相追、相映之意。托力的神力，为萨满们所笃信不疑，所以，一些"大神"都要使用托力，如吉林石姓所祭的"按巴瞒尼"就是一个"手执两个大托力，飞速舞动着"的"大英雄"。托力有两种样式：一种为雕有图案的"花镜"，一种为平滑无纹的"素镜"。铜镜的大小不一，"小的直径3 厘米、5 厘米，中型的直径 10 至 15 厘米，大的直径 20 多厘米"。目前，在田野作业中很难找到这种使用托力的满族萨满。但在科尔沁草原蒙古族萨满那里，至今还有使用这种托力的。他们把大小不等依次叠置的若干个铜镜系于腰际，摆动时碰撞作响；或者提在手中摇动作响。

西沙（满语"西萨"），汉译"腰铃"，用金属片制成，形状如同小喇叭筒，每根筒上置一个小环，用皮绳或铁丝将 32 个小喇叭筒缀钉在一个皮带上。表演时扎在腰上分别作甩、摆、顿、颤、摇等动作，使铃互相撞击发出声音。是萨满教活动中的主要乐器。

西沙，以其围于腰间演奏而名之。它是满族萨满乐器中的另一种重要乐器，亦称"摇铃"（以扭腰摇晃演奏而名之）。我国东北许多地方史志中都有关于西沙的记载，譬如《呼兰府志》《安东县志》《吉林新志》《瑷珲县志》

《依兰县志》《东丰县志》《望奎县志》等等。在清代宫廷的萨满跳神活动中，西沙也是必备之器，这在清乾隆皇帝敕撰的《钦定满族祭神祭天典礼》中已有比较详细的记载。众所周知，清代仪典，多为沿用明礼，实为汉制，而"惟祭天于堂子祭神于坤宁宫犹能保存故俗"，这"故俗"，即萨满跳神。清宫萨满所用乐器已加进了琵琶、三弦等，但仍未丢掉腰铃。《钦定满族祭神祭天典礼》中绘有西沙的形制图，并标有比较明确的尺寸，分为大、小两种，在不同的祭祀程序中使用。大西沙在表演时，将西沙系于表演者之腰际，舞时腰胯左右摇摆，西沙随之"嘟嘟"作响。小西沙则仅仅用于"背灯祭"中，拿在手中演奏。

西沙，由腰带、衬裙、锥铃、系环等主要部件组成。也有一种不带衬裙的西沙，这种形制的西沙是把锥铃直接拴结在腰带上系于腰间演奏的。

1. 腰带与衬裙

腰带与衬裙连接在一起，为皮制。选料或猪，或牛，或驴皮均可。《钦定满洲祭神祭天典礼》所载西沙，其腰带长约115.2厘米（清尺3尺6寸）；衬裙长51.2厘米（清尺1尺6寸），宽25.6厘米（清尺8寸），半围腰间。腰带缝制在衬裙上部，起到将衬裙和裙上的锥铃系于腰间的作用。其长短视萨满的腰围而定，由皮带扣连接（早期大概是直接系扣）。

2. 锥铃和系环

西沙上铃铛为锥形、筒状、铁或铜制，故称"锥铃"，长约20厘米，直径约3厘米。西沙上的锥铃少则十几枚，多则几十余枚不等。辽宁宽甸满族自治县徐氏西沙的锥铃长17~21厘米，直径2.5~2.8厘米，共24枚。黑龙江宁安县富察哈拉藏西沙的锥铃长19~21.5厘米，直径为2.6~3厘米，共40枚。锥铃直接用皮绳穿在衬裙的系环上，系环为一缝制在衬裙上部的铁圆环；一环拴1铃，或一环拴2~3铃。环与环的距离讲究疏密得当，否则影响西沙的演奏和发音。

满族宫廷萨满祭祀用的同肯，是悬挂在特制的红漆鼓架子上击奏的。《重订满洲祭神祭天典礼》中载的同肯，鼓面直径约56厘米（清尺1尺7寸5分），鼓身高约14.4厘米（清尺4寸5分）；鼓槌长约35.2厘米（清尺1尺1寸），直径约1.6厘米（清尺5分），其上冠一圆球。两张鼓皮是用皮绳上下交叉对拉绷在鼓身上的，而不是用铁钉镶嵌的。可见这面鼓，是满族民间萨满所用的传统样式，只是所用的红漆鼓架比民间制作的更为考究罢了。《祭祀全书巫人诵念全录》所载图片中舒舒觉罗哈拉使用的同肯，与清宫廷萨满祭祀使用的同肯形制基本相同。也是用绳索对拉鼓皮，而不是用铁钉固定同肯的鼓皮。

单鼓，是满族萨满所用依姆钦的另一种类型，由于它长期在满汉杂居地区流行，已无满语称谓可考。单鼓属握执型的单面鼓，以其形制特征而名之，亦称"单面鼓""单环鼓""太平鼓"等。学术界曾经对满族萨满是否使用这种类型的鼓有过疑惑，在已经出版的一些专著中，也有没将它列入的情况。根据笔者的考察和研究，实际上，无论是历史上还是现在，无论是宫廷满族贵族抑或民间百姓，都有使用单鼓进行萨满祭祀的证据。这方面，最具权威性著作，当首推《柳边纪略》。这部书被誉为"是关于 17 世纪 –18 世纪前半叶中国东北地区历史和生活的别具风格的小型百科全书"，是由一位汉族流人的后裔杨宾以自己在其父流放地的所见所闻写成的。因而，它的史料价值是值得重视的。书中曾载："跳神者……以铃系臀后，摇之作声，而手击鼓。鼓以单牛皮冒铁圈，有环数枚在柄，且击且摇，其声索索然。"该书所记的满族萨满鼓为："铁圈、蒙革，下有一柄并缀环。"清末满族贵族载涛、恽宝惠在《清末贵族之生活》中回忆道："萨满乃头戴神帽，身系腰铃，手击皮鼓（名太平鼓。系单面，以皮蒙于铁圆圈上，下有把可持）"。从称呼来看，"皮鼓"应是指依姆钦。而从这面神鼓的形状来看，应属单鼓无疑。田野作业的资料，也同样证实了满族萨满使用单鼓的事实，如努尔哈赤发祥地的辽宁新宾即有实例。与满族人历史上就联系密切的蒙古人的萨满跳神中，亦同样如此，如科尔沁地区的蒙古"博"（萨满），即使用这种类型的神鼓。单鼓与依姆钦一样，同为单面带环（或"钱"）、蒙革的圆鼓，用鼓鞭击奏。所不同的，一是鼓圈用料不同，前者用金属弯曲而成，后者以木料为之；二是单鼓装柄以手握之，而依姆钦设环以手抓之。

1. 鼓形与鼓面

单鼓的基本鼓形与依姆钦一样属不规则的圆形：扁圆形、团扇形、桃形。清代的太平鼓活动中，亦见有八角形的单鼓。与依姆钦不同的是，它的横径长于纵径，一般为 40 厘米左右。单鼓的鼓面以革蒙制，如牛、羊、驴皮等，以羊皮居多。蒙鼓面时，将皮革浸泡至软，为防止鼓皮与鼓圈结合时打滑，常内衬一圈麻绳。过去的单鼓鼓面常常绘制一些带有吉祥、太平寓意的图案。鼓面绘制图案者，今已鲜见。

2. 鼓柄与鼓圈

鼓圈以扁平的铁条弯曲而成，它比依姆钦的木制鼓圈要窄细得多，约1厘米。鼓圈弯曲至合拢抻直，即为鼓柄，约12厘米。鼓柄外部用布条或薄皮缠裹，也有用麻绳缠绕者，以防铁柄磨手，易于握持。此外，还可以起到将鼓圈与鼓尾连接在一起的作用。

3. 鼓环与鼓尾

鼓环是单鼓的必备之件。它们共分为3组套在铁制的鼓尾上，摇动时互相碰撞"唰啦"作响。东北地区的单鼓有一个十分重要的特征，就是为了增加鼓环的演奏效果，制作者将细铁条锻成四棱形，然后拧成麻花状，与同是麻花状的铁条棱相碰穿在一起，摇动碰擦。

鼓环一般由2-3枚为一组，直径约为4厘米。鼓尾的样式由于流传地域不同而有所区别。其中，以辽东、辽西、北京郊区的鼓尾样式最具代表性。如辽东式，鼓尾呈半莲花形；图辽西式，鼓尾呈连环形；图京畿式，鼓尾亦呈连环形，但花样已经有所变化——制作鼓尾的铁条不像辽东和辽西的鼓尾那样锻成四棱形，而是直接用圆柱形的铁条弯曲而成的。这种区别，已在田野作业的调查中得到了证实。

4. 鼓鞭

单鼓的鼓鞭较之依姆钦的鼓槌要细得多，常以木或竹篾削刻而成。鼓鞭的顶端倒磨成圆头，以防击打时损坏鼓面。靠近顶端之处，往往加以削刻至薄，以增加鼓鞭的弹力。鼓鞭的尾端也常常以彩色布条拴挂成穗，为装饰用。直径较大的单鼓，其鼓鞭相应也较长、较粗，因而鼓鞭的鞭杆也要用布条缠裹起来。

依姆钦，汉译"鼓"，民间俗称"抓鼓"，为抓执型的单面鼓，是满族萨满乐器中鼓类的代表性乐器。无论在民间，抑或宫廷的跳神活动中，它都是萨满的灵魂。在萨满那里，依姆钦具有神奇的魔力：它能作舟负萨满过河，它还能载萨满飞翔。当然，依姆钦的最大作用还是降神附体。

依姆钦的形制，可从它的形状、尺寸、用料等方面来考察。

满族萨满的依姆钦，分为椭圆形、蛋卵形、正圆形三种类型。在民间，以椭圆形和蛋卵形的依姆钦较为常见。据《牡丹江风土记》载："神鼓，普通圆形，纵 82 厘米，横 50 厘米，一面包羊皮，中心一铜环，以四皮绳十字形结框上，上部缀铜钱 8 枚。"从"纵径"和"横径"长短不一来看，这面鼓并非"普通圆形"，而是椭圆形或蛋卵形。这种鼓形在信奉萨满教的其他民族中也有流行，如满—通古斯语族的赫哲人中流传的一面抓鼓，就是这种形状。据 C.B. 伊万诺夫所考，这面流传在松花江赫哲人中的神鼓呈椭圆形或蛋卵形，有一条窄而细的鼓圈和一个代替鼓柄拴在皮条上的金属环。鼓的纵向直径是 82 厘米，鼓面绘有图案。

除了椭圆和蛋卵形的抓鼓，还有正圆形的依姆钦。见诸文献记载的满族宫廷萨满所用依姆钦就是这种正圆形的依姆钦。《钦定满洲祭神祭天典礼》中记载的这面依姆钦呈"标准"圆形，直径约 51.2 厘米（清尺 1 尺 6 寸）。[按：据《清史乐志之研究》，清制 1 尺 =32.00 厘米，本书据此换算，以下均同此，不再一一注明。] 从画面上看，鼓背的中央有一圆环，拴绳 12 根连接鼓圈，鼓圈较窄。这种鼓形目前在民间也比较常见。与鼓身庞大的椭圆形或卵形鼓相比，这种鼓演奏起来当然就比较方便、灵活。

依姆钦的鼓环一般镶嵌在鼓圈的木框上，是依姆钦上的重要部件。鼓环在萨满摇动依姆钦的鼓身时"唰啦"作响，再配之以"咚咚"的鼓声，大大丰富了依姆钦的表现力。依姆钦的鼓环有"环"式和"钱"式两种。如《牡丹江风土记》所记述"缀铜钱 8 枚"，即为"钱"式鼓环。这种"钱"，圆形片状，中间有孔，多为中国的古钱；由一根铁丝鱼贯串联而成，摇动时互相碰撞而响。依姆钦无执鼓之柄，而独设圆环为"柄"。圆环为金属（或铜或铁）所制，用手抓而执其鼓，故曰"抓环"。同时，它还是拴结鼓绳的"中心"。抓环的具体尺寸无定制，以手能握住并且方便演奏为宜。黑龙江省宁安县富察哈拉萨满藏鼓的抓环直径 6.2 厘米，是用直径 0.6 厘米的铁丝弯制而成。为了防止磨手和演奏时打滑，有的萨满把依姆钦的抓环用布条缠起来使用。

鼓圈为木制的圆框。因直径的大小宽窄不一，以能承受鼓面皮革的张力为准。宁安富察哈拉萨满藏鼓纵横径为 48×46 厘米，鼓圈宽 3.5 厘米，厚度不一，为 1–2 厘米；显系 1 棵易弯曲的小树砍削而成，斧凿之痕，清晰可见。前述牡丹江依姆钦纵横径为 82×50 厘米，而新宾满族自治县吴扎哈拉萨满用的是一个正圆形的依姆钦，直径为 42.5 厘米，鼓圈宽为 6.5 厘米。鼓圈用料，因地制宜，常见的有柳、杉、桦木等。鼓面以革蒙制。早期为兽皮，如狍皮、野猪皮等。近世大多用家畜皮，如牛、羊、猪皮等。以羊皮面薄，发音脆快为上乘。这也许是因为早期的萨满神鼓体积较大，而近世的神鼓体积趋小，讲究音色的缘故。皮制的鼓面受气候影响很大，故在演奏前需用火烘烤使鼓面绷紧，以保证神鼓的音质和音量。萨满常在鼓面绘制各种具有象征意义的图案。据乌丙安先生对近代萨满传人的调查，这些画面的内容十分广泛，"有天上的日、月、星辰；有彩虹，有山和树，有熊、鹿等兽类和马、牛等家畜，还有蛇、蜥蜴、蛙、龟等动物"。依姆钦是用木制的鼓槌击打而发音的，它与同为单面的新疆达卜（手鼓）直接用手击打是截然不同的。据有经验的萨满称，早期的萨满鼓槌是很讲究的，木棍用狍、獭、鹿的毛皮套裹或粘贴，似棒槌状，分量较重，击打有力。有的大鼓槌还刻画上萨满认为带有神力的图案。这样的鼓槌，现在已很难在民间找到实证了。而目前能够见到的鼓槌，则比较随意，大多是一根稍弯曲的竹篾，经削刻打磨而成；这种"鼓槌"的上部常常用布条缠绕，以便击打有力，且免于损伤鼓面。鼓槌的粗细和长短没有统一规格，视依姆钦的大小而制。《钦定满洲祭神祭天典礼》所载依姆钦鼓槌长 38.4 厘米（清制 1 尺 2 寸），外裹獭皮。鼓槌也是萨满的重要舞具和呼风唤雨的法器，鼓为马时，槌即象征马鞭；鼓为船时，槌即象征船桨。

鼓绳是连接抓环与鼓圈的纽带，它使演奏者能够抓住神鼓。鼓绳的材料，一般用皮条制成；亦有用麻绳或线绳的。据考，早期也有用十字形的铁架或木架支撑鼓框。笔者曾在布达佩斯的人类学博物馆见过这种早期的西伯利亚萨满鼓。支架上拴结着一些小铃铛、小铁环、小铁箭等。鼓绳的数量并无定数，最少的有 4 根（如《牡丹江风土记》所记），多者也有 12 根。依姆钦的具体尺寸与用料，尚无定例，往往因地域和氏族的不同而有一定的变化。总的来看，在规格上日渐趋小、变巧；在用料上由兽皮逐渐转为家畜皮。

7.2　满族音乐

满族民歌内容丰富，较之汉族民歌，多了一些渔、猎、牧劳动和八旗兵出征及思念亲的人内容。其歌词语言通俗、活泼，其旋律质朴、简明。农村中的满族民歌这一特征更为明显。满族日常生活中离不开歌唱，活泼动情的小唱几乎涉及满族整个人生礼俗，唱出了他们的愿望和心声。自降生听《悠摇车》，稍大一些学唱《小板凳》《河河沿》，童年的《抓嘎拉哈歌》，少年的放牧山歌，青年的情歌，结婚的喜歌，出征的战歌，围猎的猎歌，以及丰收喜庆、岁时节日、祝福贺寿、凯旋庆功、悲欢离合都有歌，其音乐风格多彩多姿，但基调豪放，朗爽，即使表现哀婉情绪的音乐，也不失其刚健强劲的内质。

满族民歌，可分为"萨满祭祀歌"和"民间小唱"两类。萨满祭祀歌是旧时在举族祭祀祖先神和自然神的场合由萨满演唱的礼神之歌，其韵律、调式带有浓烈的原始艺术气息，所唱内容因不同氏族而异。民间小唱，又可细分为"渔猎歌""情歌""仪礼歌""时政歌""儿歌"等项，在不同的聚居地域，分别流传着《跑南海》《大风天》《摇篮曲》《子孙万代歌》《阿库里》《出征歌》《跑马城》等谣曲。形式多样，内容几乎包括民族生活的各个方面，其音乐也各具特色。

摇篮曲，也称悠悠调。在满族中流传最广，几乎每个满族孩子都是在这种悠扬、平稳的曲调中成长起来的。现在流传的《摇篮曲》有满语的、汉语的，最多还是满汉兼有的。

劳动歌，满族先民们在渔猎时，常吹牛角或海螺为号，敲锣打鼓，声势浩大。猎毕，就在野外歌舞欢宴。富有节奏的劳动号子发展成旋律流畅的劳动歌，容纳了广阔的生活场景。

满族风俗歌，如迎亲路上的"官吹"，闹洞房时唱的喜歌"拉空齐"，以及丧葬仪式中的哭丧调和大量的祭祀歌都很动听。满族民歌大部是五声音阶，结构简明，旋律流畅，感情真挚。清中叶以后，旗人中出现了一种新的鼓词，只有唱词，没有说白，配合鼓板三弦演唱，名为"清音子弟书"，在北京和沈阳等地流传很广，为一般市民阶层所喜爱。鹤侣和韩小窗所著子弟书《借靴》《侍卫叹》等，流传最广。还有一种民间"八角鼓"唱腔和鼓词，直到清末还普遍流传。

7.3　满族歌舞

满族本是一个能歌善舞的民族，早在隋唐辽金时期，就有很多关于女真族歌舞的记载，到了明代中后期，女真人比较普遍地使用琵琶、三弦、奚琴等伴奏乐器，更加丰富了本民族的音乐歌舞。史书记载，1596年正月初一的新年宴会上，身为部落首领的努尔哈赤也亲自弹琵琶伴奏，加入众人的歌舞行列，说明当时女真人都掌握一定的歌舞技能。满族传统的舞蹈清代称为"蟒式"，即满语"舞蹈"一词的译音。其一般的动作是"举一袖于额，反一袖于背，盘旋作势"，又有男蟒式，女蟒式之分，表演时两人相对而舞，众人拍手而歌为其伴唱。这种舞蹈逢喜庆宴会酒至半酣时，主人和宾客即兴起舞，边跳边唱，朴实而又热烈。由于满族本是骑射民族，故而舞蹈中保留了许多与骑马狩猎有关的内容，比较典型的是由民间称为"打麻虎子"的游艺。所谓"麻虎子"民间也称作"马猴子"，满语的本意是画成"鬼脸"的皮制面具。表演时一些人戴上这种面具装扮妖魔鬼怪、狼虫虎豹，另一些人则扮成猎手，交替起舞并作搏斗厮杀之关，最后以猎手降服"麻虎子"而告终。这种舞蹈早在清入关前就已在宫廷宴会时演出，入关后一直保留，至乾隆时期改称为"扬烈舞"，演员的装束也由猎手变为八旗将校，并被赋予"征服八方、一统天下"的政治寓意。而前述"蟒式舞"那种比较文雅的形式，则命名为"喜起舞"，在宴间由大臣们两人一组，轮番表演，并以满语歌词和传统乐器伴奏。"扬烈舞""喜起舞"合称为"庆隆舞"，直至光绪年间仍在宫廷中上演。

在满族民间，还有许多沿袭传统或与其他民族文化融合形成的歌舞形式。如萨满祭神时边唱边跳的表演，能根据所祭神的不同，模仿出虎、豹、熊、鹰、鹿等各种动作，民族特色十分突出。在东北地区一些地方流行的满族秧歌，不仅表演服装和道具与清代八旗制度密切相关，舞队的行进方式（俗称"走阵"）也来自作战时的阵法，舞姿粗犷豪迈，别具特色。满族的太平鼓舞也很出名，据说这是乾隆年间八旗军队获胜凯旋时表演的舞蹈。鼓形类似团扇，铁条为架，羊皮蒙面，鼓柄饰以铁环，舞时以鼓鞭敲击，铁环孔随着抖动作响，再配合不断变化的舞姿舞步，既铿锵有力又优美活泼，现在的东北、华北许多地方仍然可以看到这种民间舞蹈。

第八章

满族民间剪纸艺术

满族和其他民族一样，在长期的生产和生活中形成了对美的热爱和欣赏习俗，并以自己的慧心巧手美化生活，创造出丰富多彩又具有民族风格的民间工艺，其中以剪纸和刺绣最为突出。

8.1 满族剪纸概述

剪纸，又叫"刻纸"，是以纸张为主要加工材料，以剪刀或刻刀为工具进行创作的一种民间造型艺术。

满族是一个善骑射、喜渔猎、勤劳勇敢的民族，在长期的历史发展和沿革中，满族人民创造了灿烂的文化，形成了自己独特的艺术风格。满族剪纸艺术以满族人原始的自然崇拜、始祖神崇拜、生殖繁衍崇拜和满族风俗为主要表现内容。以剪、刀为主要工具，以镂空剪纸为主要技法，剪法具多变性和随意性，使满族民间剪纸作品以线造型具有独特的美感。

满族剪纸是一种口传文化，最传统的满族剪纸多数由家族长辈们口传心授传承下来。传统的满族剪纸风格粗犷，技法简洁，造型古朴，民族特点浓烈，随着满汉经济文化生活的交流，满族剪纸在传承发展中也受到汉族文化的影响，工艺上开始追求精致和细腻。

满族民间剪纸艺术，产生于满族先民生活的需要，来源于对美的追求，依附于满族民间特定的文化背景和生活环境，以特有的普及性、实用性、审美性满足了人们的心理需要，默默唤起人们对生命的追求，对幸福生活的祈盼。虽然没有留下具体的文字资料，但其根植于白山黑水间，通过口授心传，缘物寄情，不断发展、创新，代代相传。满族剪纸蕴含了十分丰富的民族特色和文化内涵，是研究民族文化和习俗的"活化石"。

8.2　满族民间剪纸渊源

满族民间剪纸始于明代。后金皇太极时（1626—1643），女真人已开始造纸，为满族民间剪纸的产生、发展创造了重要条件。满族剪纸艺术的真正源头，来自满族的原始宗教——萨满教。萨满教是一种原始宗教，其基本观念是信奉鬼神的存在，在当时的社会生活中占有重要地位。满族先民在白山黑水间骑射渔猎，在林海雪原中繁衍生息，在绿野山川中孕育了勇悍旷达的天性，抑制了忧愁悲哀，然而，因为他们对大自然的天地山河风雨雷电难以理解，加之大自然对他们的无情威胁，便产生了超自然的神奇幻想和"万物皆神"的"原始拜物教"，即萨满教。满族的萨满教有崇奉神灵的习俗，如天神、地神、祖先神、动物神等170多个，其中160多个是嬷嬷神，意为老太太。这些嬷嬷神各有分工，有管子孙繁衍的、管儿女婚姻的、管进山不迷路的等等。这种神灵崇拜经常用图画予以表现，剪纸便是其中一种主要形式，满族的剪纸就是从这种对嬷嬷神的崇敬开始的。将神的形象加以突出、强化、形象化，将祭祀仪式装点得肃穆、庄重，再加上萨满也需要造成舆论以扩大影响，正是这种需要产生了为萨满巫术服务的民间剪纸艺术。满族人生活在林海雪原中，许多动物、植物，与他们的劳动、生活有密切关系，所以，多以动、植物为图腾，并用图画、剪纸等形式予以表现，其代表作是龟与蛙，在题材上与汉族迥异，眼睛用香火烧，身上不打毛，在表现手法上十分独到。

满族民间剪纸由于地理的因素、民族的因素，形成了独特的风格。一是题材独特，许多作品就是剪的满族人以及表现满族的习俗生活。二是剪技独特，有明显区别于汉族剪纸的表现技巧，造型古拙、剪技粗犷。

随着经济的发展和社会的进步，纸张的应用范围越来越广泛，剪纸的内容和题材越来越丰富，装饰性不断增强。逢年过节，满族妇女们喜欢贴窗花，她们便会用纸剪出各种福字、寿字、喜字、花卉、鸟兽、人物等贴在窗户上、屋檐下，单调的农家小院一下子因为这些大红剪纸而生动、喜庆起来。除此之外，剪纸在衣着方面也得以应用，许多鞋底、帽子、衣服、刺绣等制作都是先以剪纸作为参考依据的。满族传统剪纸有以下几种：

窗花：贴在窗户上，多在农历新年前剪贴，以此烘托节日气氛，有角花、团花等。一扇窗户往往贴几个，窗花要镂空透亮，题材广泛。

喜花：婚嫁喜庆时装点室内和器皿的。多为吉祥内容和"花内套花"的形式。

挂笺：或称挂钱。最早时，挂笺是祭祖场所的装饰品，一般都是单数。后来过春节或喜庆时，家家户户用五色彩纸，剪成长约40厘米，宽约25厘米不等的纸块，左右有边框，中间剪刻云纹字画、花果图案等，如丰、寿、福字，下端剪成犬牙穗头，贴挂于门窗横额、室内大梁等处，五彩缤纷，喜气洋洋，体现了人们祈盼幸福安康的生活愿望。

"妈妈人儿"：或称"媳妇人儿"，满族妇女大多会剪，其基本样式是梳"大拉翅"头，穿旗袍、高底鞋的女性，有的是单人，有的是几个同样的人连在一起，据说这类剪纸来源于满族对女神的崇拜，带有一定的宗教意义。其类似的形态，有的是留长辫的男子、有的是拿长烟袋的姑娘；还有头顶戴着各种饰物的女性甚至是拟人化的熊，更带有宗教崇拜的特点。

8.3 满族民间剪纸的艺术特征

满族民间剪纸作品古朴、粗犷、浑厚，集中体现了我国民间美术的造型观念、审美观念和哲学观念，释放着特有的艺术魅力。在扎根乡土的发展中形成了自己独有的艺术特色。

满族剪纸艺术的一个重要特点：结构万剪不断。剪纸作品由于是在纸上剪刻出来的，因此必须采取镂空的办法。由于镂空，就形成了阳文的剪纸必须线线相连，阴文的剪纸必须线线相断，如果把一部分的线条剪断了，就会使整张剪纸支离破碎，形不成画面。由此就产生了千刻不落，万剪不断的结构。

满族民间剪纸产生和流传大部分在农村，由于受到制作工具、制作材料和本身条件的限制，只能采取最简单的方式刻画物象，从而形成了简洁概括的艺术特点，所以民间剪纸讲究神似，不追求形似，注重求简舍繁，概括提炼出最能体现本质和情感的特定的刻画。剪纸时，往往从抓特征入手，无关东西尽可去掉，需要强调的就尽力表现。

形象优美是满族民间剪纸的又一特点。剪纸作为造型艺术的一个特殊美术品类，造型与构图方式不受物象的影响，按照作者主观臆想去进行作品形象与构成的设计，在构成上，满族民间剪纸喜欢表现的物象一个不漏地平铺在画面上，并让其互不遮挡，以二维平面代替自然视觉的三维空间，剪纸作品形象优美，立体感强。

另外，满族民间剪纸在视觉上给我们的第一感觉就是剪技独特、变形夸张。其剪痕粗拙、简约、豁达，白红对比强烈，这在整体上能给人以豪放、粗犷的视觉美感。这些剪技特点的形成并非偶然，它与黑土地有着密不可分的关系。如果说自然造就了生命及生命的性格，那么，白山黑水不仅养育了这个民族的生命，也造就了他们豪放粗犷的性格，从而创造出剪技独特的民间剪纸作品。满族民间剪纸的夸张与变形是大胆而随意的，但又是夸张之有理，变之有据的，并且有较强的传承规范性。作者依照表现对象的特征和使用意图，凭借自己的生活感受和一辈辈传下来的表现手法，对表现物进行从形体结构到存在方式的异变处理，创造出非自然真实的充满浪漫色彩的艺术形象。形变中，一般只追求传神，不刻意强调逼真，物象的形变方式视需要而定，一切不受物象自然形态的影响。

8.4　满族民间剪纸题材选择

剪纸因其材料易得，成本低廉、效果立见，适应面广而普遍受欢迎。作者大多出自乡村妇女和民间艺人，由于他们以现实生活中的见闻事物为题材，对物象的观察全凭淳朴的感情与直觉印象为基础，因此形成剪纸艺术浑厚、单纯、简洁、明快的特殊风格，反映了大众百姓朴实无华的精神。题材大致包括以下几个方面：

劳动生活题材：满族剪纸作品大部分取材自己的劳动生活，有些直接表现自己饲养的家禽家畜，也有的表现生活中常见的植物、瓜果、蔬菜等，这些来源于生活的题材，使满族剪纸作品充满浓厚的生活气息。在满族剪纸作品中，很多以马牛羊鸡狗等十二生肖家畜为题材的，但民间最普遍和最常见的还是以花卉、瓜果、花鸟为题材，最具代表性的四季花卉与生活中常见的瓜果、花鸟在形象上是美观且富有表现性的，色彩上也是丰富多变的，并且赋予了深刻的寓意和内涵。如较普遍的以鱼、莲为主形象的剪纸作品就是"鱼戏莲""鱼吻莲"等，其目的不只是自然界花草虫的写照，而是以鱼代表男、莲代表女来歌颂人类生命繁衍的重大主题。

传说故事题材：从题材方面来说，不仅其中的熊虎鹿及山花、樵夫、牧人与林海雪原的生活密不可分，而且那些旗装马靴的"嬷嬷人"，正是满族祭奉先祖的古俗之物。满族人生活在林海雪原中，许多动物、植物，与他们的劳动、生活有密切关系，所以，多以动、植物为图腾，并用图画、剪纸等形式予以表现，这种剪纸即起源于图腾崇拜。满族最重祭祖，即祭祖先神。在每个族长家的西墙上都置有祖宗板，上面有一木匣，叫作祖宗匣，里面是鹿皮口袋装的皮条，一嘟噜表示一辈，几个兄弟几个疙瘩，这叫子孙条子，也有用绫条或布条的。祖宗板前，贴一挂签，这是一幅地道的满族剪纸，是白色的，因为满族有自己的审美习俗，认为白色吉祥，红色凶险，与汉俗迥异。挂签上面刻有满文，读作"佛尔郭出课"，为"奇""瑞"之意。

祈求吉祥题材：长期以来满人饱受压迫，再加上战乱、饥荒，使他们生活贫困、饱受疾苦，所以在劳动和休息之余，有着强烈渴望美好生活的愿望，因此在剪纸中有许多反映幸福安乐、美满吉祥的图案，这些内容构思非常巧妙，很多是用吉语的语句谐音，或是用吉祥的寓意和隐喻，这种比喻谐音的手法用那些能够唤起人们感情上健康的共鸣的自然事物，以美好形象来诱发人们的美好情感和联想，使人感到生动、形象。如满族剪纸作品《五福（蝠）捧寿》《年年有余（鱼）》等。

传统节日题材：满族民间剪纸是民间习俗的一种必不可少的艺术形式，

剪纸艺术在四季节令、婚丧寿宴、宗教礼仪、生男育女、居家劳动中显得格外突出。每逢除夕，除了室内贴各种窗花、挂春幡外，还一定要剪一幅"观音娘娘坐鳌鱼"，以避灾难。正月十五闹花灯，贴灯花，显出一派人丁（灯）兴旺的景象。立春日，要剪春幡，衬上黑穗，挂在门上象征春回大地，风调雨顺。清明节，祭祀扫墓在供品上摆衬剪纸，以思故人情。端午节，北方很多地方有在门首上贴葫芦形剪纸的习惯。传说是仙人收妖捉怪、盛仙丹妙药的工具，英雄好汉的酒具，百姓盛粮、淘水的工具。传说五月初一药王下凡，见人间毒虫横行、瘟疫四起，他就将自己的神药葫芦挂在一家门口，灭虫收瘟，普救众生。以后，剪纸艺人就剪一纸葫芦贴在门口，葫芦内有扫帚、剪子、锥子和被消灭的"五毒"，也有壁虎吃五毒的剪纸，反映了人们灭虫害和除灾疫的美好愿望。七月初七鹊桥相会，也是姑娘们乞巧的日子，巧姑娘们聚坐在一起赛智慧、剪花样、剪牛郎织女，互相观摩取巧，馈赠传抄。中秋节，剪嫦娥、兔儿爷，很多象征团圆、丰收、祥瑞的故事出现在刀剪中。重阳节剪重阳旗寓意步步高升。腊月初八，剪连年有余寓意生活丰衣足食。

8.5　满族民间剪纸的创作手法

由于剪纸只能在有限的平面空间塑造形象，丰富剪纸的表现手段成为民间剪纸艺人的追求，经过数代的努力，人们创造了利用剪空作品有关点、线、面的办法来表现结构形体，塑造形象的剪纸镂空技法。运用这种技法，可以有效地进行作品局部，打破了原始剪纸基本是靠外轮廓塑造形象的限制，增强了剪纸艺术的表现力。镂空技法的出现实现了满族民间剪纸由粗放向精细的过渡，促进了满族剪纸艺术新的造型观、审美观的诞生，作者用线造型的手法，利用镂空技术，表现物象的形体结构、衣纹和法物的线条，刻去了画面上所有的其余部分，使剪纸作品产生了近似国画白描的艺术效果，通过流畅多变的线条成功地刻画了不同物体的形象神态。

满族剪纸的构图特点，满族民间剪纸寄托了民间艺术家对幸福生活的追求，对民族信仰的表述。所以，剪纸的构图大部分采取对称、平列、互相揖让、互不遮拦的满布局方法。他们在布局上不善于表现多层次空间和繁杂的场面，画面几乎不留打出空白。比如，满族剪纸中常用的以少胜多的对折剪法，可以将一个形象在同一画面中剪成完全相同的、对称的一个或多个图像，并且图像可上、下、左、右对称排列，致使画面形成强烈的对称性和装饰性美感，在视觉上给人以安稳祥和的感觉。而满族剪纸在布局上采取互相揖让、互不遮拦的满构图方法来处理画面形象的排布，画面所形成的装饰感更为强烈并给人们留下美好的遐想。满族民间剪纸作品很多时候都是随意的、不规则的、抽象的粗线条连接，这样就构成了画面在布局上的饱满美，同时也给作品增添了抽象和神秘的视觉美感。

满族剪纸的造型特点：任何种类的艺术作品都有自己特定的形式和表现手段，从造型语言上讲，满族剪纸的主要造型手段是线条，即剪痕。线条是构成画面形式与内容的主要元素。满族人最初使用树皮、树叶、布帛等为材料剪镂，由于材料厚，不易折叠，使得剪镂外形必须简洁，内部镂空少，这一方法得到延续，满族剪纸在线条运用上是自由、稚拙的，具有极强的抽象性和寓意性美感。也就形成了满族民间剪纸的造型简洁整体；注重个性特征；传神刻画的造型特点。如今依然保留了造型简洁整体的特征。

满族民间剪纸从外观上看色彩似乎十分单调，几乎没有什么色彩而言。其实不然，满族民间剪纸不仅有单纯的色彩表现，而且有丰富的色彩寓意。各民族对色彩都有自己的审美习俗，满族也不例外。由于他们终年在冰雪中生活及狩猎，在视觉上长期接触白色，因此，他们对白色有着特殊的情感，认为白色吉祥，即"色尚白"的色彩审美习俗。他们大量运用的另一个颜色是红色，与白色形成鲜明的对比，红色在满族过大年和节日中运用的较多。这种审美习俗在剪纸作品中的应用是崇高无上的。比如，满族在祭祀祖先活动中所剪的"佛头"和挂签儿，其中也有白色的。这些纯白色的剪纸作品在满族剪纸作品中虽不多见，但它在视觉上都能给人以独特庄重、肃然起敬的美感。而每每过大年，艳丽、浓烈的红色，则给人喜庆与祥和的感觉。另外，满族民间剪纸在色彩的运用上，不仅有民族的色彩喜好，同时也十分注重对不同颜色材质的选用。比如用桦树皮剪出的嬷嬷人、各种小动物等形象，桦树皮本身在色彩上就十分朴素漂亮。还有用黑豆做成的"黑豆人"。这些色彩是人工无法调制的，是纯粹的自然色彩，更具有生命力和朴素、和谐的视觉亲和力。

8.6　补绣工艺

补绣，是满族民间工艺，或称"钉线"，主要流行于东北地区农村。以家织布和棉线为原料剪缝而成，黑白色为主调，间用他色。纹饰以榴开百子、吉庆有余、葫芦盘长、福寿长春、八宝等吉祥图案为主，多配以较粗重的黑色边饰，常绣于枕顶、荷包、幔帐、坐垫之上。

满族民间刺绣源于民间印花布，印花布来源于民间剪纸。在很早以前，满族多用油纸镂版刮浆，豆粉和石灰漏染白布，使白布成为蓝底白花的"麻花布"，作包袱皮、头巾、门帘、被面、围裙、幔帐、帽腰等。"麻花布"的图案精美，构思巧妙，大多有圆形或棱形的图案。布的质量粗厚，多用手工纺织的"家织布"，非常耐用。近年来，这种仿"麻花布"的衣服又在市场上出现，只是花、图案更加精美罢了。

受苏绣的影响，满族逐渐形成具有北方特色的满族刺绣。满族刺绣多用于枕头面、幔帐、门帘、围肩、袖头、衣襟、鞋帮、兜肚、手帕、香荷包等日常生活用品。满族女孩自幼就学刺绣、描画，自画，自绣。过去闺女出嫁，婆家不仅看姑娘的家风、人品，还要看是否有一手好的针线活，特别是炕上的针线活。

满族民间刺绣实用性很强，在日常生活用品和服饰上到处可见，而且这些绣品上的图样多有明显的吉祥含义。像枕头面上，图案有飞禽走兽、花草鱼虫、人物故事、各样花边等等。桃象征长寿，荷花表示纯洁。满族民间刺绣不仅在日常生活用品上到处可见，就连老年人去世时穿的"寿鞋"也在鞋帮上绣上一朵玫瑰花，鞋底绣一副"梯子"，意思是上天堂，不受罪。

满族民间绣品具有强烈的民族、地域特色，造型夸张、粗犷、朴拙，色彩艳丽，冷暖对比强烈，构图细腻、温和，具有朴实的情感和吉祥如意的情调。

第九章

追忆家族的符号——满族姓氏

一个民族的姓氏，原是该民族社会血缘团体的符号，或者说是这个民族中一个家庭系统的符号。满族姓氏即是构成满族某家族血缘团体的符号。在满族形成时期，其姓氏是多音节的，用汉字写就是两个或两个以上汉字共同组成。满族入关后，其姓氏逐渐向单音节过渡，即与汉族单字姓氏相同，其姓氏实质上既有原多音节姓氏的内涵，又有与汉族姓氏相同的单音节的表现形式，形成了满汉兼融的姓氏文化特质。

9.1　满族姓氏的产生

满族及其先世的氏族和其他民族一样，也是产生于氏族社会时代，大约在母系氏族公社时期就出现了。这时女子是一族的中心，每一族都有一个共同的女祖先，全体族人都是她的后代。成员族氏实行族外婚，又形成了不同的血缘群体，随着社会的发展，子孙的繁衍，氏族不断增多，为了互相区别，利于辨识，需要有一个称号，就产生了姓氏。古肃慎人、挹娄人的氏族状况在史书上尚未查到明确的记载。最早见于史书的对南北朝时期勿吉人氏族的记载也只局限于乙力支、候尼支、婆非支等几个氏族名称的记载。满语称姓氏为"哈拉"。满族在明末大体形成。至清代，据清《皇朝通志·氏族略》记载，满族有679姓。满族形成后，其姓氏来源主要有下几个方面：一是沿用旧姓。满族的很多氏族沿袭了女真时代的旧有姓氏。如清代的大佳氏即当时的大氏、女真时的大家氏相沿而来。满族姓氏源于女真姓氏者，据有关文献记载约有3/10。二是以地名为姓氏。满族氏族中以地名、山河名称作为姓氏的有很多。如《清史列传》载，满文改制者达海"世居觉尔察，以地为氏"。三是以部称为姓氏。满族氏族中以其原属部落名称为姓氏的比较普遍。瓜尔佳氏、完颜氏、尼玛察氏、辉和氏等等基本上是源于部称。四是更改姓氏。满族人更改姓氏多因分居、迁徙、承嗣、避罪引起。满族及其先世的民族姓氏虽由来已久，但或因与汉人通婚，或受汉文化影响，或因清政权被推翻后为免受歧视，或因其他缘故而改冠汉姓的也早见于姓。

金代女真族在长期发展的过程中，氏族比隋唐时期靺鞨族大大增加，姓氏也随之增加。金史记载，金代女真人共有115个姓氏。女真族姓氏特点有白号之姓与黑号之姓的区别，并且分为四大支系。《金史·百官志》记载：凡白号之姓：完颜、温迪罕、夹谷、陀满、仆散、术虎、移剌答、斡勒、斡准、把鲁、阿不罕、卓鲁、回特、黑罕、会兰、沈谷、塞薄里、吾古孙、石敦、卓陀、阿厮准、匹独思、潘术古、谙石刻、石古苦、缀罕、光吉剌，皆封金源郡（以上共27姓氏，为一大支系）。裴满、徒单、温敦、兀林答、阿典、纥石烈、纳兰、勃术鲁、阿勒根、纳合、石盏、蒲鲜、古里甲、阿迭、聂模栾、抹拈、纳坦、兀撒惹、阿鲜、把古、温占孙、祷怨、撒合烈、吾塞、和速嘉、能堰、阿里班、兀里坦、聂散、蒲速烈，皆封广平郡（以上共30姓氏，为二大支系）。吾古论、兀颜、女奚烈、独吉、黄蝈、颜盏、蒲古里、必兰、斡雷、独鼎、尼龙窟、拓特、盉散、撒答牙、阿速、撒刻、准土谷、纳谋鲁、业速布、安煦烈、爱申、拿可、贵益昆、温撒、梭罕、霍域，皆封陇西郡（以上共26姓氏，为三大支系）。黑号之姓：唐括、蒲察、术甲、蒙古、蒲速、粘割、奥屯、斜卯、准葛、谙蛮、独虎、术鲁、磨辇、益辇、贴暖、苏勃辇，皆封彭城郡（以上共16姓氏，为四大支系）[1]。

女真人姓氏白号之姓共分三个支系，99个姓氏。黑号之姓只有一个支系，16个姓氏。

满族形成之初，有三个较大的群体，每个群体中又包含着若干个氏族。这三个较大的群体分别是：佛满洲——即源远流长的老满洲（也称陈满洲），主要分布地区是：长白山区，松花江上游、中游，牡丹江上游、中游及图们江流域。依彻满洲——即努尔哈赤统一女真诸部的过程中征服的女真诸部（也称新满洲），主要分布地区是：松花江下游、黑龙江流域、乌苏里江流域及外兴安岭、库页岛地区。蒙古满洲——即原来的蒙古人、鄂温克人、鄂伦春人、达斡尔人等，被满洲八旗军征服之后入旗者，主要分布地区是：黑龙江上源、呼伦贝尔草原及贝加尔湖沿岸地区。

9.2 满族典型氏族

满族统一东北地区之后，随着满族社会的发展，氏族也发生了变化，一个较大的氏族分成若干个较小的氏族。到清朝中期满族的氏族已经发展到600多个。清朝雍正年间纂修的《八旗满洲氏族通谱》收录的满洲氏族达到648个。其中满洲著姓151个，满洲中姓144个，满洲稀姓353个。现仅简单介绍几个比较典型的氏族。

1. 瓜尔佳氏：古老的满洲氏族，是满族第一氏族，排在《八旗满洲氏族通谱》的首位。瓜尔佳氏本系地名，因以为姓。其氏族甚繁，散处于苏完、叶赫、讷殷、哈达、乌喇、安褚、拉库、蜚悠城、瓦尔喀、嘉木湖、尼马察、辉发、长白山及各地方[②]。即分布在黑龙江、松花江、乌苏里江、牡丹江流域及长白山区的广大地区。满语瓜尔佳是围绕菜园子的水沟之意。又有捣乱之意。满族人（包括瓜尔佳氏）不喜欢这种译意，后来这种译意逐渐从满族的各种文献中删掉了。满洲氏族瓜尔佳氏，冠以汉字姓氏称关姓。

2. 巴雅拉氏：古老的满洲氏族，主要分布在牡丹江流域。满语巴雅拉汉译富有之意。又译老汗王的贴身警卫之意。满洲氏族巴雅拉氏，冠以汉字姓称富姓。

3. 葛吉勒氏：古老的满洲氏族，主要分布在松花江下游，牡丹江中游、下游。满语葛吉勒汉译木制的捕鸟笼子之意。满洲氏族葛吉勒氏，冠以汉字姓称葛姓。

4. 葛哲勒氏：古老的满洲氏族，主要分布在长白山区。满语葛哲勒汉译木头之意。满洲氏族葛哲勒氏，冠以汉字姓称柯姓。

5. 伯力氏：古老的满洲氏族，主要分布在黑龙江下游及库页岛地区。满语伯力汉译弓之意，又有豌豆之意。满洲氏族伯力氏，冠以汉字姓称博姓。

6. 郭和络氏：古老的满洲氏族，主要分布在黑龙江中游、外兴安岭地区。满语郭和络汉译放纵之意。满洲氏族郭和络氏，冠以汉字姓称郭姓。

7. 觉罗氏：古老的满洲氏族，曾是建州女真左卫、建州女真右卫的主体氏族之一，据《八旗氏族通谱》记载：觉罗为满洲著姓，内有伊尔根觉罗、舒舒觉罗、西林觉罗、通颜觉罗、阿颜觉罗、呼伦觉罗、阿哈觉罗、察喇觉罗等氏。其氏族繁衍，各族散于穆溪、叶赫、嘉木湖、兴堪、萨尔湖、呼讷赫、雅尔湖、乌喇、瓦尔喀、松花江、阿库里、佛阿喇、哈达、汪泰等地方③。由此可见，觉罗氏是一个支系较多、分布地区较广的满族氏族。主要分布在长白山区、松花江流域、黑龙江流域及辽河流域。满语觉罗汉译野羊之意，又有乞丐之意。觉罗氏族中的爱新觉罗氏在南迁之前曾生息在牡丹江流域，牡丹江畔的觉罗城（今黑龙江省宁安县城，此城在宁古塔将军迁驻之前曾称觉罗城，宁古塔将军迁驻之后始称宁古塔城）曾是爱新觉罗氏的世居之处。爱新觉罗氏族是大清国的皇族，满洲氏族觉罗氏，冠以汉字姓称肇、赵姓。

8. 搭拉穆氏：古老的满洲氏族，主要分布在嫩江流域、海拉尔河流域及呼伦贝尔大草原。满语搭拉穆汉译背后之意。满洲氏族搭拉穆氏，冠以汉字姓称白姓。

9. 都鲁氏：古老的满洲氏族，主要分布在嫩江上游，是一个人数很少的氏族。满语都鲁汉译杨木做的摇篮之意。满洲氏族都鲁氏，冠以汉字姓称杜姓。

10. 杜奇勒氏：古老的满洲氏族，主要分布在黑龙江中游北岸，是一个人数很少的氏族。俄国人占领黑龙江以北的老瑷珲地区后，杜奇勒氏族殊死反抗，被俄国人几乎杀绝，满语杜奇勒汉译的语意至今尚未查到。满洲氏族杜奇勒氏，冠以汉字姓称图姓。

11. 伊尔库勒氏：新满洲氏族，主要分布在黑龙江下游的黑龙江入海口附近。满语伊尔库勒汉译的语意至今尚未查到。满洲氏族伊尔库勒氏，冠以汉字姓称乌姓。

12. 喜塔腊氏：老满洲氏族，主要分布在松花江中游和嫩江下游，属于阔雅里满洲的一个支系。满语喜塔腊汉译指甲之意。满洲氏族喜塔腊氏，冠以汉字姓称齐姓。

13. 兰库拉氏：老满洲氏族，主要分布在长白山脉、张广才岭山区。满语兰库拉汉译依附或依托之意。满洲氏族兰库拉氏，冠以汉字姓称郎姓。

14. 纳喇氏：老满洲氏族，主要分布在牡丹江中游，是一个人数很少的氏族。满语纳喇汉译耙或怀耙之意。满洲氏族纳喇氏，冠以汉字姓称程姓。

15. 尼满察氏：新满洲氏族，主要分布在乌苏里江支流尼满河流域，是一个人数很少的氏族。满语尼满察汉译山羊之意。满洲氏族尼满察氏，冠以汉字姓称杨姓。

16. 尼马奇氏：老满洲氏族，主要分布在松花江上游的长白山区，是一个人数很少的氏族。满语尼马奇汉译鱼之意。满洲氏族尼马奇氏，冠以汉字姓称颜姓。

17. 宁古塔氏：老满洲氏族，主要分布在牡丹江中游宁古塔地区，是一个人口较多的氏族。满语宁古汉译六之意，塔（特）汉译坐之意，即六人共坐一阜之意。又因六祖各居一城，六祖各筑城分居，六城统称宁古塔。满洲氏族宁古塔氏，冠以汉字姓称宁姓。

18. 纽罗氏：老满洲氏族，主要分布在黑龙江中游、嫩江上游。满语纽罗汉译箭之意。满洲氏族纽罗氏，冠以汉字姓称努姓。

19. 萨克达氏：老满洲氏族，主要分布在牡丹江中游宁古塔地区，是一个人口较多的氏族。满语萨克达汉译旧或老之意。满洲氏族萨克达氏，冠以汉字姓称陈姓。

20. 他塔喇氏：老满洲氏族，主要分布在牡丹江流域，人口较少。满语他塔喇汉译拉或拖之意。满洲氏族他塔喇氏，冠以汉字姓称唐姓。

21. 脱阔罗氏：新满洲氏族，主要分布在乌苏里江以东，归附努尔哈赤以后移居牡丹江流域。满语脱阔罗汉译套马或把袋子驮上马背之意。满洲氏族脱阔氏，冠以汉字姓称陶姓。

22. 吴察喇哈拉氏：主要分布在松花江流域的吉林乌拉地区、牡丹江流域的宁古塔地区。满语吴察喇哈拉汉译谷物之意。满洲氏族吴察喇哈拉氏，冠以汉字姓称吴姓。

23. 富察氏：老满洲氏族，主要分布在牡丹江流域、松花江支流拉林河流域。满语富察汉译好或富之意。满洲氏族富察氏，冠以汉字姓称富、傅等姓。

24. 赫舍勒氏：老满洲氏族，主要分布在松花江下游、乌苏里江流域，人口非常少。满语赫舍勒汉译语意目前尚未查到。满洲氏族赫舍勒氏，冠以汉字姓称赫姓。

25. 扎拉里氏：老满洲氏族，主要分布在松花江上游的长白山区，人口较少。满语扎拉里汉译的语意目前尚未查到。满洲氏族扎拉里氏，冠以汉字姓称詹姓。

26. 扎虎塔氏：老满洲氏族，主要分布在牡丹江中游宁古塔地区。满语扎虎塔汉译刺树之意。满洲氏族扎虎塔氏，冠以汉字姓称朱姓。

27. 巴林蒙氏：蒙古满洲氏族，主要分布在黑龙江上源、呼伦贝尔草原及贝加尔湖地区。满语巴林蒙汉译东部蒙古人之意。蒙古满洲氏族巴林蒙氏，没有冠以汉字姓。

28. 尼柯特氏：老满洲氏族，主要分布在松花江上游、中游地区，人口较少。满语尼柯特汉译酸白菜的气味之意。满洲氏族尼柯特氏，冠以汉字姓称叶姓。

29. 奥库蒙氏：蒙古满洲氏族，主要分布在呼伦贝尔草原，人口很少。满语奥库蒙汉译犁托头之意。蒙古满洲氏族奥库蒙氏，没有冠以汉字姓。

30. 章虎塔氏：老满洲氏族，主要分布在松花江上游的长白山区。满语章虎塔汉译处女神之意。满洲氏族章虎塔氏，冠以汉字姓称张姓。

31. 珠苏氏：新满洲氏族，主要分布在锡霍特山脉东麓的沿海地区，人口非常少。满语珠苏汉译酸之意。新满洲氏族珠苏氏，冠以汉字姓的准确姓氏，目前尚未查到。

32. 钮祜禄氏：老满洲氏族，主要分布在松花江流域、牡丹江流域、长白山区。满语钮祜禄汉译狼之意。狼是女真的图腾之一，女真人出于对狼的崇拜，而以其为姓氏。在漫长的历史发展过程中，钮祜禄这个姓氏的称谓曾几度变化：辽代称敌烈氏，金代称女奚列氏，元代称亦气烈氏，明代称钮祜禄氏。满洲氏族钮祜禄氏，冠以汉字姓称钮姓，也有的冠以汉字姓称郎姓。钮祜禄氏是典型的一氏冠两姓的满洲氏族。

9.3 满族古老的氏族名称的来源

大致可分为七个方面：

其一，沿袭使用金代女真人氏族名称，如：完颜氏。

其二，以部族名称为氏族名称，如：纳喇氏、辉和氏。

其三，以所居住地名名称为氏族名称，如：宁古塔氏、伯力氏。

其四，以古老的某一图腾为氏族名称，如：钮祜禄氏。

其五，赐予氏族名称，如：吴拜本姓瓜尔佳氏，纳木泰本姓舒穆禄氏，努尔哈赤皆以屡立军功赐予爱新觉罗氏。

其六，以名为氏族名称，俗称随名姓，即以祖辈的名的第一个字为氏族名称。如顾八代是伊尔根觉罗氏，其子孙为了纪念顾八代的功德，以顾为姓氏。

其七，更改氏族名称，因分居、承嗣、迁居、战争中被俘等原因而更改氏族名称。如伊尔根觉罗氏因族众繁多，分东西两寨居住，居东寨者改称巴雅喇氏，居西寨者改称蒙鄂罗氏。

满族的氏族是随着社会的发展而不断发生变化的。古老的满族氏族在女真族形成初期，主要是按血缘群体结寨而居，依照族寨而行。满族形成之后，满族氏族开始发生了变化。如：努尔哈赤祖居的赫图阿拉最初只有8个氏族，随着努尔哈赤对女真各部落的征服和统一，先后归服于努尔哈赤麾下投靠到赫图阿拉来的氏族越来越多，其中有 33 个氏族来自长白山区，有 28 个氏族来自哈达部，有 14 个氏族来自扎库木，有 17 个氏族来自讷殷，有 44 个氏族来自叶赫，有 40 个氏族来自乌拉，有 X 个氏族来自辉发。这一时期赫图阿拉的氏族就达到 100 多个，形成了诸多氏族混居的现象。满族入主中原之后，它们逐渐丢失了它们内在的组织形式，长期与汉族人生活在一起，受汉族文化的影响，满族氏族的名称开始冠以汉字姓。久而久之，开始或完全放弃或忘记了原来满族的氏族名称，以汉字的姓取代了满族氏族的名称。

9.4　满洲旗人姓氏

爱新觉罗（Aisin Gioro）是清朝皇室姓氏，源于早期女真族。满语"爱新"为金的意思，常见说法称"觉罗"为姓的意思，但实际上满语中"姓氏"一词原文为 hala（汉语哈喇、哈拉）。肇祖猛特木姓爱新觉罗氏。后取意为"金"，"肇""赵"姓显祖塔石之后裔皆为宗室金姓。东沟大孤山镇金姓，始祖督师南关，连战连捷，因为私收降女为妻，被清帝定罪处斩，大臣保他征战有功，被贬配辽东，乘船过海，隐居大孤山下，后散居在东沟金大岭、三道洼等地。兴祖福满、景祖觉昌安之后裔皆为肇氏，后取同音字"赵"。岫岩兴隆乡赵姓，清初由开原被治罪来岫岩定居，后散居在东沟的汤池、宽甸的永甸、凤城的宝山等地。

赫舍里氏：相传是清初弘文院大学士希福之后人，希福曾是赫舍里部人，即取该部名。始祖原是赫舍里部人，取该部落为名氏。世居都英额地方。国初，硕色来归，隶正黄旗满洲。通满、汉、蒙古文，其子索尼亦通满、汉、蒙古文，由头等待卫历著战功，受世祖章皇帝顾命，为辅政大臣，授一等公，谥文忠。其祖墓在昭陵左掖。后分为赫、张、康三个汉姓。

赫姓：始祖洼尔达，曾任汉都将军，由京城拔驻凤凰城，隶属正白旗满洲，先居凤城边门赫家村，后散居在凤城的杨木乡，红旗镇，刘家河蛟羊峪，赛马赫家窑村，蓝旗乡老虎洞，鸡冠山镇袁家沟，岫岩的汤沟乡赫家堡，朝阳，宽甸的长甸和丹东市的振安区等地。清同治年间，有两支迁居黑龙江双城县。按字排辈为："德承吉林贵崇荣，英明景会乐辅清。忠良维国安全志，世守纯真保泰平。"（现已排到"明"字，为第十五世。）

康姓：始祖卡宜奇郎，汉"卡宜"谐音，取吉庆之字"康"为姓，正黄旗，木力占牛录，敕封武德骑尉。康熙年间出兵辽东，生五子，长子和次子都无后，五子过继富氏，三子"达士巴"和四子"招里其"后人分为两支，前后驻防凤凰城，在正黄旗满洲和正白旗满洲下注册。卡宜奇郎墓在辽阳的涧溪沟。康氏后裔迁居凤城之初住边门镇老爷庙街和凤凰城边，后散居各处。宝山乡岔路村康家堡子是一支，从五世起一支移居抚顺千金堡，一支迁居辽阳洞溪沟处，此外还分布在石城，宽甸的红石砬子等地。康氏族谱全称为《赫舍里氏康族世谱》，自五世起按字排辈为："文玉尚荣恩桂，延昌尔基之会。兆民稔格家箴，万世葆纯国粹。"

张姓：始祖乌尔度，清康熙年间任凤凰城第一任城守尉，隶属正白旗满洲，居边门镇张家村、鸡冠山镇沙子岗村、后散居于凤城的汤山城、宽甸的长甸、石湖沟、东沟的兴隆、东尖山等地。

完颜氏：汪氏，王氏世居完颜地方，因以为氏。国初来投，隶镶黄旗满洲。至五世杨保，诰封昭武都尉；七世佛尔果春，由生员考授笔政，升员外郎；八世呈瑞，字辑王，庚子副榜。今传十余世。谐音取汪、王为姓。岫岩哨子河乡汪姓，隶属镶蓝旗满洲，祖居铁岭汎河南，其后裔于1687年（康熙二十六年）来岫岩城南蓝旗营居住，后移居哨子河西蓝旗屯。凤城宝山王姓，元、明两朝赐姓完颜氏，清初从龙入关，世居北京三合县下甸村。世祖黑色等兄弟三人于1687年（康熙二十六年）自京拔驻凤凰城宝山石柱村，后散居于凤城的汤山城，东汤，大堡，宽甸的太平哨，石湖沟等地。

瓜尔佳氏：谐音取关为姓。关氏族谱记载：关氏始祖居"牙尔虎"处，据有关专家考证，昔日的"牙尔虎"即今日之"萨尔浒"，16世纪末关氏始祖"松阿力"之子"噶哈"是萨尔浒城的酋长，后归附努尔哈赤，并与爱新觉罗家族联姻，成为努尔哈赤创建基业的一支重要力量。1621年，努尔哈赤抚降辽东70余城，关氏也随之进入辽沈地区。1644年，清军定鼎中原，关氏随即"从主入关"，住进了北京的寿比胡同。1687年，康熙帝为了确保发祥地的安全，派关氏八世祖翁窝图和其弟弟琰布迁凤凰城卡巴岭下驻防，即今宝山一带（凤城市北红旗村——古名为：乐善屯），于是就世居于此，其后裔散居于凤城的草河、白旗、大堡、红旗、岫岩的汤沟等乡镇，至今已传自第二十一世。岫岩偏岭乡的关姓，原居长白山，1651年（顺治八年）由京拔驻岫岩。

索绰罗氏：岫岩哨子河乡曹氏，老姓索绰罗氏，长白山五道沟人，隶镶红旗满洲，始祖为兴祖直皇帝福满第三子——索长阿。京始祖松吾突之子舒力突，于1664年（康熙三年）自京来岫岩驻防。今散居于凤城的草河、宽甸的长甸、杨木川等地。按字排辈为："松、舒、坦、哈、满、额、春、文、鳞、昌、玉、珠、珍、祥、光、景、泰、承、华、宝、德、盛、材、凤、图、斌。"

卡克他氏：此凤凰城北山康氏，与边门康氏既不同宗也不同旗。始祖努尔哈赤旧属，曾于1636年奉皇太极之命参加抵抗朝鲜的战争。而后从主入关，住在京城。康熙年间拨民实边，卡克他氏图美和图奇兄弟二人奉命来凤凰城北山驻防。隶属镶白旗满洲，官保牛录。弟图奇当兵，终身未娶；兄图美官至参领，娶汪氏生三子，世居凤城北山一带。光绪三十年十月一日修谱，按字排辈为："庆会运昌明，英才济圣清。过华全尖品，世禄广恩荣。德义昭隆业，贤良继圣名。永怀先泽厚，保太益和平。"

钮祜禄氏：郎氏。"钮祜禄"满语意思为"狼"，后人取"狼"同音"郎"为其姓。满族巨族也，居长白山者尤著，后并散居于英额地方。

他他拉氏：又写为"他塔喇氏"，谐音取唐为姓。凤城凤山乡唐姓，隶属正红旗满洲，崇德年间，驻奉天府新城堡，六世祖古巴达奉命移驻凤凰城城东村，今散居于凤城的草河、岫岩的岭沟等地。

叶赫那拉氏：为叶赫嫡派后裔，以地为氏。国初，杨吉砮之女，讳孟古姐姐即孝慈高皇后，敕封杨吉砮之子阿什达尔汉为国舅，其后翁阿岱之孙为国戚。本姓那拉，取首音"那"为姓。清初奇玛瑚随世祖章皇帝入关，隶正蓝旗满洲，生九子，其忌讳羊山，于康熙年间自北京拔驻凤凰城，卜居于城西南六十里石柱子。至今传十余世。

喜塔拉氏：取首音谐"齐"为姓。世居长白山喜塔拉地方，因地为氏。图力吉都督与兴祖直皇后之父阿古都督，显祖宣皇后之父至达格都督，敕封国戚舅舅，即太祖高皇帝之舅也。国初，隶正白旗满洲，世为福陵章京品级。清初从龙入关，住北京巴彦伏洛。1687年（康熙二十六年）奉命自北京拔驻岫岩、凤凰城等地。今居于岫岩的杨家堡、凤城齐家胡同、东沟的东尖山、合隆、宽甸的八河川等地。四世祖阿古都督之女哈分不哈为显祖宣皇帝之后，太祖高皇帝努尔哈赤之母。至今传十七世

富察氏：因地为氏，原居长白山下富察地方。后取首音谐"傅""富"为姓。国初，有瑚图来归，隶属正红旗满洲。四世祖莽色德宜住乎之女是清太祖的皇后。凤城边门傅姓，隶属镶红旗满洲，清初从龙入关，驻北京十驸马大街。一世文达力于1687年（康熙二十六年）奉命自北京来凤凰城边门驻防，今散居于凤城的弟兄山、鸡冠山、白旗、刘家河、岫岩的红旗营子、宽甸的虎山、灌水等地。至今传十四世。

佟佳氏：辽东巨族也。国初有佟养性、佟养正居佟佳地，因以为氏。后迁抚顺以贸易赀雄一方。清大军克抚顺，佟养性输款太祖高皇帝。佟养正遂携族属归正蓝旗汉军。后养正之孙佟国纲，于康熙二十七年疏言："臣曾蒙太祖谕令，与佟佳氏之巴都里蒙阿图诸大臣考订支派氏族谱，今请归满洲。"部议以佟佳氏官职甚多，应隶汉军。唯国纲本支，宜入满洲，遂为正白旗人。于是满汉分隶，族大支繁，于国朝八大姓中称最焉。

马佳氏（马氏）世居嘉里库马佳地方，因以为氏。国初，赫东额率满洲五十户来归，隶镶黄旗满洲，累著战功，授一等男。其弟阿库噶哈亦以战功授男爵。及入关定鼎以战伤时作留奉休息。至十二世升寅，乾隆己酉拔贡，授七品小京官。嘉庆庚申历官至工部尚书兼正黄旗、镶蓝旗满洲都统，经筵讲官，赏戴花翎，紫禁城骑马，诰授光禄大夫，晋赠达子太保。赐谥勤直。马氏始祖马穆敦，从顺治年间到康熙年间在京都正黄旗二扎兰当差。

姜佳氏：清时凤凰城正黄旗满洲恩启牛录，世居辽东地区，杏山人氏。1644 年随主入关，康熙二十六年（1687）三世祖哈什太、爵瑚图、胡什布奉命调往盛京，复拨凤凰城驻防，于凤凰城南老虎洞处落户。今散居于东沟的合隆、凤城的草河、宽甸的古楼子、杨木川等地。民国十八年（1929 年）姜氏后人第八世参议员姜庆元捐资于东港市合隆镇姜家小岗后山建姜氏宗祠。按字排辈为："佑德天维作福，国文庆书贵长。殿甲承恩普玺，庭宗续世荣昌。军景官红常春，银丰宝积连金。广喜英明崇志，振家全海同馨。"

9.5　满族姓氏的演变

满族的姓氏在历史长河中，演变频繁。"满洲虽始有定性，后皆指名为姓。"《养吉斋丛录》记有："凡公私文牍，称名不举姓，人皆以其名之第一字称之，著姓然。其命名或用满语，或用汉文；用汉文，将用二字，不准用三字，以其与满语混也。"从上述记载中可以看出，清代中后期满族各氏族在冠用汉字姓与改用汉字姓过程中，出现了极不规范的趋势。这种趋势的出现，连封建清王朝的最高统治者乾隆皇帝也感到震惊，不得不下达如下谕旨："八旗满洲、蒙古有姓氏，乃历年既久，多有弃置本姓沿汉习者。即如牛呼纽氏，或变称为郎姓，即使指上一字为称，亦当曰牛，岂可直呼为郎，同于汉姓乎？姓氏者，乃满洲之根本，所关甚为紧要。今若不整饬，因循之久，必将各本姓遗忘，不复有知者。"然而，统治阶级的震惊与整饬，实际上并没有起到任何束缚满族各姓氏冠汉字姓与改汉字姓的作用，甚至在皇室宗族内部，不规范地冠以汉字姓的事例也在出现。清太祖努尔哈赤胞弟舒尔哈齐的后裔，满姓为爱新觉罗，但在这一时期，有一族支竟取汉字溥字为姓，一直沿用至今。在这种不规范地冠用汉字姓与改用汉字姓的民族文化融合中，辽东满洲八大姓也在上述前提下，分别由原来的满洲姓氏分别冠用和改用了汉字姓，姓氏为：佟、关、马、索、赫、富、那、郎沿用至今。满族姓氏的历史演变，是社会发展的必然结果。从金元时期起，满族先世姓氏在历史不同时期的变化及宗族内部血缘集团产生的裂变而出现的新的姓氏上看，满族及其先世在姓氏上的演变错综复杂。在辽东满族人民聚居的区域，由于地域不同，历史上的姓氏演变称为不同，而所泛指的满洲八大姓姓氏也不尽相同。

今天的满族人名与汉族人名基本相同，以姓加名的二字、三字为主。但在清代，从人名上就可以判断出其满汉族属。这不仅是因为满族用本民族语言命名，还因为清代在人名问题上颁布了多项制度和措施，以确保满族人名的文化传统，确保作为"国家根本"的满语不致全部丧失。清代对人名用字及数量、人名书写方式、人名避讳等做出了明确规定。清代规定，满族人名必须保持质朴的特征，不允许使用"纤丽字面"。"旗人命名，以清文意义书写。其书写汉字，惟取清语之对音者，不得择用纤丽字面，及将首一字用汉姓字样，或数代通以一字为首。其有以汉字命名者，书写清字亦以对音字连贯书写，不得分写单字。"一旦发现满族人用汉族姓氏用字为人名的第一个字，或者两代人名字的第一字相同都会受到申斥。

乾隆二十五年（1760）乾隆皇帝下令满族人名不得分写，时有处奏称有将满洲人名与汉人一样分写，朕即降旨满洲人名理应合写，不可分写。乾隆二十六年重申，满洲、蒙古取汉语名字者，人名要连写，汉人名字则不许连写，太监和庄头的名字更不能连写。可见，人名书写方式也是能够体现尊卑的。

清朝同其他封建王朝一样有严格的避讳制度。姓氏命名，惟皇帝独尊，臣民百姓不能与皇帝同名同字，甚至不能同音。皇帝的名字、皇帝陵寝的名称都必须避讳。皇帝名字的满汉字避讳不尽相同，乾隆十三年规定"遇本朝诸汗圣名时，清汉字均避讳写另字，此乃臣子尊重圣主之意。惟汉字多，若避讳书写，仍可得到一字；清字不多，如亦照汉字避讳书写，则得不到同音之字，若勉强使用发音相近之字，则必定与原音迥异且不成话。既然从前亦有两个字均不必讳写之条，嗣后缮写清字人名时如系二字于一处连写，则须照例讳写。此外，如仅有一字，则照原字缮写，无须避讳。"满文属于拼音文字，如果不能采用满语同音词汇为名字，未免过于苛刻，更何况满语中具有寓意的词汇比较少，因此为了照顾满族人而做出上述规定。

相对姓氏而言，人名对文化的变化是比较敏感的。清代满族文化占据社会主流文化时，不仅满族人用满语命名，就连编入八旗的汉族、达斡尔族、鄂温克族、蒙古族等也崇尚用满语命名。当汉族文化占据满族社会文化主流地位以后，满族人名所具有的满族文化特征随之消失，染习"国语骑射"等满族传统的其他民族也没有必要继续追崇满语人名文化。而清代的满族人名与满族文化、历史、社会、生活的广泛而深刻的关系则成为我们了解和掌握满族文化的一个重要途径。

历史上，满族人习惯上只称名不称姓，姓氏一般单独列出。满语人名大多采用含义质朴的满语词汇，称谓词、动植物名、生产生活用词、地名、部落名、属相名、颜色词、数字以及表示人和事物性质和形态的形容词等词汇都可能成为人名。现从满族家谱、户口册以及清代史志古籍中选录一些人名，示例如下。称谓词：玛发塔（祖辈们）、乌努春（遗腹子）；动植物名：多尔衮（獾）、海他（野猪）、哈尔萨（蜜鼠）、依图（山鸡）、扎伯占（蟒）、扎尔呼（豺狼）、密罕（小猪崽）、那哩（母马熊）、纽莫顺（细麟白鱼）、尼希哈（小鱼）、布拉（荆棘）、吉希哈（榛子树）、哈希那（茄子）、呼希巴（爬山虎草）、苏都哩（野韭菜）；生产生活用词：多铎（胎）、苏克萨哈（大腿）、阿伯萨（桦皮桶）、褡裢（行路时装行李的口袋）、德克金（野火）、玛拉（木榔头）、莫罗（碗）；地名：穆克登（盛京）、萨尔浒、爱辉、阿勒楚喀；部落名：尼堪（汉人）、尼玛察、蒙果罗（蒙古）、回色（回子）颜色词：雅钦、喀拉、萨哈林（黑色）；形容词：岳托（愚钝的）、阿达礼（相同的）、克蒙额（有节度的）、哈扬阿（放荡的）、德蒙额（古怪的）、罗克多（肥胖而笨重的）。这些来源于满族日常生产生活实践的词汇自然而然地成为人名。从满语人名的词汇含义上可以发现，满族人名用字的确不讲究"纤丽字面"，确有质朴的传统。即便是在改用汉语命名之初，满族人名依然保持着质朴的特征，如拴住、锁住、打住、倚住、塞住、铁锅、铁柜、铁锁、铁环等人名含义非常简单。

随着满族人不断接受汉文化传统，人名用字才逐渐改用吉祥字词，如满语的丰绅（有福分的）、乌尔衮（喜）、扎拉芬（寿）、赛崇阿（嘉），诸如此类的吉祥词还被叠加起来作为人名，如丰绅殷德（殷德，意为兴旺）、丰绅国尔敏（国尔敏，意为绵长）。汉字人名也偏向于德、祥、福、禄、寿、全、喜等具有褒扬意义的字词。不仅如此，满族人还接受了汉族编排辈字的传统，所编排的辈字都是具有寓意的汉语吉利词。如笔者家族即黑河大五家子满族吴姓的辈字"功德永存福禄长兴万世吉庆"皆为汉语中的吉利字眼。从辈字上还能够直接辨别辈分的长幼。另外，满语人名多以阿、额、保、布、善、图、齐等为尾音，如阿木唐阿（阿木坦，意为味道、兴趣）、福隆额（福伦，意为俸禄）、恩特和保（恩特和墨，意为恒、久、久远）等等。这是因为满语属于粘着语，在词根上添加上述后缀构成新词的现象比较普遍。

满族人还喜欢用数字命名，不仅有扎亲（第二）、扎昆珠（八十）、那丹珠（七十）、乌云齐（第九）、乌云珠（九十）等数字人名，即使用汉语命名，满族人同样保留了以数字取名的习惯。目前所见到的数字人名几乎涵盖40—90之间的所有数字。虽然人们一致认为满族有尊重老人的传统，数字人名来源于长辈的年寿，但目前掌握的满族家谱、户口资料却有不同的记载。据《吉林他塔喇氏家谱》记载，这个家族以数字命名的情况很明显，安成有子八十五、八十六、八十七。八十五系安成长子，生于道光二十一年（1841）十月初六日；八十六是安成次子，生于道光二十三年（1843）十一月十四日；八十七是安成第三子，生于咸丰五年（1855）正月二十一日。兄弟三人的年龄相差不等，却用了连续的数字为人名，这对以长辈年寿为名的说法是一个直接的挑战。喜塔拉氏家族同样有兄弟以连续的数字为名，如六十八、六十九、七十、七十一、七十二、七十三兄弟六人。

另据道光十五年黑龙江城户口册记载："一户西丹乌布讷四十六岁，妻四十三岁，长子西丹雅尔福阿十九岁，妻十九岁，次子西丹色勒黑额十五岁，三子达布额十三岁，四子保通十岁，五子双保七岁，六子沃和讷四岁。雅尔福阿之子七十六二岁。"从这个实例来看，七十六出生时，他的祖父 44 岁，祖母 41 岁，父亲 17 岁，母亲 17 岁，七十六的数字名与他的四位长辈中任何一位的年龄都没有关系，与祖父母的年龄之和、父母亲年龄之和也没有关系。这就进一步说明，满族数字人名并非像人们过去一直认为的来自于祖辈年龄。除满族以外，蒙古族、锡伯族等也有数字人名，其来源基本与满族数字人名一样，始终被认为是祖父的年龄。

人名真实地记录下一个民族思想意识形态和审美观念的转变。满族入关后，积极学习和推广汉语言文化，满族语言文化和汉语言文化在发展中相互促进。经济、文化、人口等方面均占绝对优势的汉语言文化很快就取代了满语言文化，一跃成为满族社会的主流文化。满族人名也从满语单语人名，转向满汉双语人名，直至汉语单语人名。道光十五年（1835 年）黑龙江城户口册内有披甲哈朗阿的"长子凌福又名托克托善，次子胜福又名托密善"的记录，年龄还不到 10 岁的凌福、胜福当然不会自己改名字，改名之举应当出自他们的父母。这就说明，嘉庆末年、道光初年的黑龙江地区，虽然地处边疆，与汉族接触较少，但也避免不了汉语言文化的冲击。还有的满族人将满语人名结尾的词缀去掉，直接改成汉语人名，如黑龙江城领催希凌阿后来改名为希林。满汉双语人名的出现是满语言文化即将退出人名系统的预兆。清代汉军旗人自视为满族，在八旗内与满族接触最为密切。清初，八旗汉军逐渐改用满语命名，在人名的命取上与满族人无异。当满语言文化衰退时，汉军旗人也纷纷放弃满语人名，逐渐恢复用汉语命名的习惯。从家谱户口册的记录中均能看出满汉语人名转换的痕迹。这其中就不仅仅是语言文化传统问题，还有深刻的政治经济因素在起作用。满族双名不仅是指满汉双语人名，还有满语双名。如黑龙江城领催额尔色额又名额尔色保，其子西丹博勒库又名福能阿。满语双名的现象仅占少数，更多的满汉双语人名准确地反映出满族人名的语言发展变化状况。

9.6 满族家谱

国家有史，地方有志，家族有谱。家族的谱书即是一个家族的历史。国史难以巨细无遗，家史则能细致入微，正可补国史、地方志的不足。因此，家谱同史、志一样，有一定的"资治、存史、教化"的作用。清太祖努尔哈赤起兵前，女真人的社会活动基本单位是"穆坤"氏族组织。满族氏族仍然是一种血缘群体，满语称氏族为哈拉—穆昆。它的成员由源出于一个共同体的祖先及若干个子孙的共同意识所维系，也是对他们的血缘关系的承认。他们有共同的意识，共同的心理状态，共同的氏族神灵，共同的语言，共同的生活习俗，共同的禁忌。他们的氏族内部在确定每一个氏族成员的权利时具有关键作用。氏族形成之初，尽管大家都明白相互的亲属和辈数关系，但没有任何文字记载。在满文创立之后，氏族谱牒记录了每一个成员在氏族中所处的位置和作用。清八旗制度确立后，原来的哈拉穆坤组织迅速分化，被崮山牛录所代替。因在八旗制度中人丁身份地位、官职的承袭，都需要宗谱做凭证，所以记录家族血缘关系的谱书显得尤为重要。在清代，是满族家谱的鼎盛时期，满族几乎家家修谱。满族修谱曾出现四次高潮。第一次是在康乾盛世，修谱高潮的出现反映了国家安定、经济腾飞、人民安居乐业的盛世景象。第二次是在嘉庆年间，当时国内战乱初评，人们盼望大清王朝的中兴，因而修家谱又出现高潮；第三次修谱高潮出现在清晚期光绪年间，人们的心理与第二次相同；第四次高潮是在"九一八"事变之后，日本侵略者鼓吹满蒙自治，建立傀儡政权时期形成的。一般满族家谱分为两种。一种为编纂成册的称为谱书；一种为只记宗族中本支世系的本始祖下的几支后裔的名单称谱单及专用于春节期间祭祀的宗谱单。满族谱单，一般是写在高丽纸上的，或是写在白细布上，还有写在牛皮上的。较多的一种折子式家谱叫谱折。谱书记载的内容比较丰富，一般有谱序、宗派、世系源流、家法家规、祭祀规则、文牍（遗嘱、契约）等、人物传、大事记、图谱、谱注等。我们常说的"范"字，就是谱书中宗派篇中的行辈排字歌，是谱书的主要内容之一，有八字、十字、二十字、二十八字句，成诗体，是同族男性成员取名的依据。爱新觉罗皇室家族至康熙朝始仿汉族宗谱定拟字辈制度。玄烨共 35 子，前后换过"承""保""长"。这一现象，反映了满汉两种文化交融时期，人们兼而采之，难做取舍的心态。康熙二十年后，玄烨才按"胤"排辈，为皇子命名。以后分别是：弘、永、绵、奕、载、溥、毓、恒、启、焘、闿、增、祺。图谱和谱注是谱书的主要内容。图谱即世系，亦即世派。用于区别世系，所以只列男性姓名。谱注即世表、年谱，也是以男性为中心。女子入谱不占独立一格，只能在其父母名下书写名字。

第十章

清朝历代皇帝简介

　　清朝（1636—1911 年，一说 1616 年建立，1644 年起为全国性政权），又称大清，简称清，是中国历史上最后一个封建王朝，也是中国历史上第二个由少数民族（满族）建立并统治全国的封建王朝。清朝共历经十二帝，统治全国 268 年，入关后的十位皇帝分别为顺治、康熙、雍正、乾隆、嘉庆、道光、咸丰、同治、光绪、宣统。作为我国漫长的封建社会的最后一页，在二百多年的漫长岁月中，清朝既为中华民族做出了超越前人的重大贡献，也为中华民族留下了大量的失败与屈辱的辛酸记录。二百多年间，从努尔哈赤到溥仪，先后有十二位皇帝统治着这个泱泱大国。无论是一代圣君康熙帝，还是短命的同治帝，都对它有着不可忽视的影响。

　　清太祖（1559—1626），清太祖高皇帝爱新觉罗·努尔哈赤，号淑勒贝勒，明嘉靖三十八年（1559），出生于建州左卫苏克素护部赫图阿拉城（今辽宁省新宾县）。父塔克世为建州左卫指挥。他从小受到很深的汉文化的熏陶。1582 年塔克世与祖父觉昌安被尼堪外兰害死。为报仇，次年以祖遗甲十三副起兵，率部众去攻打尼堪外兰，正式开始统一女真大业。1587 年攻克佛阿拉城，自称可汗。他率领八旗子弟转战于白山黑水之间，临大敌不惧，受重创不退，以勇捍立威，受部众拥戴，历时 30 多年，统一女真各部，推动了女真社会的发展和满族共同体的形成。1599 年努尔哈赤采用了蒙古文字而为满语配上了字母。1616 年，在赫图阿拉建元称汗，国号大金（史称后金）。1618 年以"七大恨"祭天，誓师征明，开始了为清王朝的建立艰苦创业。1621 年努尔哈赤迁都辽阳，兴建东京城。1625 年迁都沈阳，改沈阳为盛京。1626 年在与明将袁崇焕在宁远的交战中，大败而回并受伤，于天命十一年（1626）八月死去。终年 68 岁，葬于沈阳城东，称之"福陵"，庙号"太祖"。

　　清太宗（1592—1643），崇德（文）皇帝爱新觉罗·皇太极，是清朝开创者努尔哈赤的第八子，其母叶赫那拉氏。皇太极生于明万历二十年（1592）十月二十五日。努尔哈赤宁远战败身亡后即后金汗位，在位 17 年，卒于清崇德八年（1643）。庙号"太宗"。即位不到十年，他统一整个东北，并南下朝鲜，西征蒙古，屡挫大明官兵。天聪十年（1636）四月，改称帝号，建立起关东一统的大清帝国，将族名改称"满洲"。他雄心勃勃地挥师西进，兵锋所指，京畿震惊。经过松锦两次决战，尽歼明军精锐，山海关外，仅存宁远一座孤城，大明江山岌岌可危。皇太极博览群史，气度恢宏，军事上有勇有谋，政治上极富开拓精神，既有强烈的民族意识，又十分向往汉族文化，兴利除弊，优礼汉官，堪称"上承太祖开国之绪业，下启清代一统之宏图"的创业之君。他猝死于清军入关前夕，未能实现夺取全国政权的夙愿。

清世祖（1638—1661）顺治（章）皇帝，爱新觉罗·福临。是清朝入关后的第一位皇帝。他是皇太极的第九子，崇德三年（1638）戊寅正月三十日生，其母为永福宫庄妃，博尔济吉特氏，即孝庄皇后。1643 年 2 月 16 日承袭父位，时年 6 岁，由叔父睿亲王多尔衮及郑亲王济尔哈朗辅政。次年改元顺治，1651年亲政。亲政后，他吸收先进的汉文化，审时度势，对成法祖制有所更张，且不顾满洲亲贵大臣的反对，倚重汉官。为了使新兴的统治基业长治久安，他以明之兴亡为借鉴，警惕宦官朋党为祸，重视整饬吏治，注重农业生产，提倡节约，减免苛捐杂税，广开言路，网络人才。初创清王朝走向强盛的新局面，为康乾盛世打下了基础。但他少年气盛，刚愎自用，急躁易怒，当他宠爱的董妃去世后，转而消极厌世，终于匆匆走完短暂的人生历程，英年早逝。他是清朝历史上唯一公开归依禅门的皇帝。

清圣祖（1654—1722）爱新觉罗·玄烨，通称康熙皇帝。

康熙帝名玄烨，生于顺治十一年（1654 年 5 月 4 日），是顺治的第三子，1661 年年仅 8 岁的玄烨成为清朝入关后的第二个皇帝，次年改年号为康熙，康熙六年（1667 年）亲政，他是中国历史上在位时间最长的皇帝，在位 61 年。康熙自幼勤奋好学，文韬武略样样精通，清除鳌拜，撤除三藩，统一台湾，平定准噶尔叛乱等一系列军事行动中或御驾亲征，或决胜千里，充分显示了他的军事才能。慎选人才，表彰清官，修治河道，笼络汉族知识分子，编制历法、图书和地图等行为，又反映了康熙是一个出色的政治家和睿智的君主。但是他又有其保守和落后的一面，如在统一台湾后开放了海禁，但由于担心米谷出境而明令禁止南洋贸易。他崇尚儒学，尤其是朱熹理学，但在康熙五十年（1711）还发生了戴名世《南山集》文字狱事件。而诸皇子夺嫡之争，更使他心力交瘁。1722 年死后安葬在直隶遵化马兰峪，陵号景陵，庙号圣祖。

清世宗（1678—1735）爱新觉罗·胤禛，清世宗雍正（宪）皇帝，生于康熙十七年（1678）是康熙的第四子。康熙六十一年（1722），45 岁的胤禛继承帝位，卒于雍正十三年，死后葬于清西陵中的泰陵，庙号世宗。胤禛是在康乾盛世前期至康熙末年社会出现停滞的形式下登上历史舞台的。复杂的社会矛盾，为胤禛提供了施展抱负和才干的机会。他有步骤地进行了多项重大改革，高瞻远瞩，又惟曰孜孜，励精图治，十三年中取得了卓有成效的业绩，为乾隆打下了扎实雄厚的基础，使"康乾盛世"在乾隆时期达到了顶峰。他的历史地位，同乃父康熙和乃子乾隆相比，毫不逊色。尽管他猜忌多疑，刻薄寡恩，统治严酷，但比起他的业绩来，毕竟是次要的。

清高宗（1711—1799）爱新觉罗·弘历，他是雍正皇帝的第四个儿子。清朝第六位皇帝，入关之后的第四位皇帝。年号"乾隆"，寓意"天道昌隆"。于雍正十三年即位，在位 60 年，乾隆六十年禅位于十五子颙琰，禅位后又当了三年太上皇，实际行使国家最高权力长达六十三年零四个月，是中国历史上实际执掌国家最高权力时间最长的皇帝，也是中国历史上最长寿的皇帝。乾隆即位之初，实行宽猛互济的政策，他在位期间，平定新疆、蒙古叛乱，在四川、贵州等地继续改土归流，重视农桑，停止捐纳，充分体现了他的文治武功，开创了中国封建社会最后一个盛世——康乾盛世。乾隆帝向慕风雅，精于骑射，笔墨留于大江南北，并是一个有名的文物收藏家。清宫书画大多是他收藏的，他在位期间编纂的《四库全书》共收书 3503 种，79337 卷，36304 册，其卷数是《永乐大典》的三倍，成为我国古代思想文化遗产的总汇。但乾隆为人重奢靡，晚年时国库财用耗竭，并重用贪官和绅，以至农民起义在其晚年也已层出不穷，清王朝从强盛走向衰败。

清仁宗（1760—1820）爱新觉罗·颙琰，嘉庆（睿）皇帝，清乾隆皇帝弘历的第十五个儿子。生于乾隆二十五年（1760），五十四年被封为嘉亲王，乾隆六十年登基，改元嘉庆，在位 25 年。卒于嘉庆二十五年（1820），终年 61 岁，庙号"仁宗"。嘉庆帝是一位勤政图治的守成君主。他亲政后采取的一系列政策、措施，对于改变乾隆后期的种种弊政起了一定的作用，但没有也不可能从根本上扭转清代中衰之势。从嘉庆帝个人来说，他始终开不出一个根治日趋严重的腐化和怠惰的药方，对一大批"尸禄保位"的官僚只能警告，恫吓，最终徒呼奈何而已。他对西方殖民主义者的侵略有一定的认识，但对于一个日趋衰弱的封建的古老国家，不可能真正有效地对付外来侵略者，此后只能沿着衰败的道路滑下去。

清宣宗（1782—1850）爱新觉罗·旻宁，是为道光帝，是清朝入关后的帝六代皇帝，生于乾隆四十七年（1782 年 9 月 16 日），卒于道光三十年正月十四日。在位 30 年，终年 69 岁。庙号宣宗，葬慕陵。是清朝唯一一位以嫡长子的身份继位的皇帝。才智平庸的道光帝徒以俭德著称。他处于历史转折的关键时刻，"守其常而不知其变"。来自东南海上的鸦片流毒和英军入侵，使他寝食不安。他想严厉禁烟，也曾下决心抗击侵略者，但他不知英国来自何方，不知殖民主义为何物。平素无知人之明，临危无应变之策，以至战守茫然，毫无方略，只能在自恨自愧中顿足叹息，结果忍辱接受英国的城下之盟，签订了近代史上第一个不平等条约——《中英江宁条约》。道光帝柄政 30 年。朝纲独断，事必躬亲，但内政事物，如吏治，河工，漕运，禁烟等均无起色。勤政图治而鲜有作为，正是他一生的悲剧所在。

清文宗（1831—1861）爱新觉罗·奕詝，咸丰（显）皇帝。咸丰帝奕宁，道光十一年（1831 年 7 月 17 日）生于北京圆明园。咸丰十一年（1861 年 8 月 22 日）病故于承德避暑山庄，葬于河北遵化县定陵，庙号文宗。咸丰即位时，以洪秀全为首的太平天国起义在广西紫荆山前金田村爆发。接踵而来的又有英法联军之役，迫使咸丰逃往热河承德。咸丰在位 11 年，朝政腐败，清王朝病入膏肓，民怨沸腾，面对内忧外患，并不应战，"大局糜烂，不可收拾"，对外签订了一系列不平等条约，中国进一步丧失了主权，大清国半封建半殖民地程度进一步加深。

清穆宗（1855—1874）爱新觉罗·载淳，同治帝载淳是咸丰与叶赫那拉氏的独生子。生于咸丰六年（1856）。同治十二年亲政。次年卒，年 19 岁。庙号"穆宗"。同治帝在位期间，西方列强未有侵入，清朝政府依靠曾国藩、李鸿章、左宗棠等一批重臣镇压了太平天国起义等一系列的农民起义，也兴办一些"洋务新政"。颇有发奋图强之心。此段时期被称为"同治中兴"，但这些与同治皇帝都没多大关系。当时的统治者实际上是慈禧。载淳是一个少不更事的顽童，亲政以后，确实是辜负了朝野上下对他的殷切期望。亲政两年后，死于天花。

清德宗（1871—1908）爱新觉罗·载湉，光绪皇帝。同治十年（1871 年 8 月 14 日）出生于北京宣武门太平湖畔醇王府，其父奕譞是道光帝的第七子，其母是慈禧的胞妹，这种特殊的家庭环境，使他在同治病故之后被指定为皇帝，他在位 34 年，光绪十三年病死，终年 38 岁，庙号德宗，葬于河北易县崇陵。光绪帝 19 岁亲政，他富有年轻人的进取精神，愿意接受新思想，积极支持变法，一度成为维新派心中的"救世主"。但变法危及封建守旧势力的利益，遭到以慈禧为主的清室贵族的阻挠。光绪帝没有勇气冲破封建伦理思想的束缚，终其一生是屈辱和哀怨的悲剧命运。

宣统皇帝，爱新觉罗·溥仪于光绪三十二年（1906 年 2 月 7 日）生于北京什刹海边的醇王府。1967 年 10 月 17 日在北京病逝，终年 61 岁。著有自传《我的前半生》。宣统帝即位三年，孙中山倡导的资产阶级民主革命条件日趋成熟，清王朝的败亡已经是不可逆转的趋势。清廷只得以光绪帝的未亡人隆裕皇太后和末代皇帝宣统的名义颁发退位诏书。1932 年 3 月出任日本傀儡政权"满洲国"执政。日军战败后，经改造，曾任中华人民共和国政协委员。

附：

清朝皇帝列表

姓名（爱新觉罗）	年号	在位时间	谥 号	庙号	陵墓名
努尔哈赤	天命	1616–1626	承天广运圣德神功肇纪立极仁孝睿武端毅钦安弘文定业高皇帝	太祖	福陵
皇太极	天聪	1627–1643	应天兴国弘德彰武宽温仁圣睿孝敬敏昭定隆道显功文皇帝	太宗	昭陵
福临	顺治	1644–1661	体天隆运定统建极英睿钦文显武大德弘功至仁纯孝章皇帝	世祖	孝陵
玄烨	康熙	1662–1722	合天弘运文武睿哲恭俭宽裕孝敬诚信功德大成仁皇帝	圣祖	景陵
胤禛	雍正	1723–1735	敬天昌运建中表正文武英明宽仁信毅睿圣大孝至诚宪皇帝	世宗	泰陵
弘历	乾隆	1736–1795	法天隆运至诚先觉体元立极敷文奋武钦明孝慈神圣纯皇帝	高宗	裕陵
颙琰	嘉庆	1796–1820	受天兴运敷化绥猷崇文经武孝恭勤俭端敏英哲睿皇帝	仁宗	昌陵
旻宁	道光	1821–1850	效天符运立中体正至文圣武智勇仁慈俭勤孝敏宽定成皇帝	宣宗	慕陵
奕詝	咸丰	1851–1861	协天翊运执中垂谟懋德振武圣孝渊恭端仁宽敏显皇帝	文宗	定陵
载淳	同治	1862–1874	继天开运受中居正保大定功圣智诚孝信敏恭宽毅皇帝	穆宗	惠陵
载湉	光绪	1875–1908	同天崇运大中至正经文纬武仁孝睿智端俭宽勤景皇帝	德宗	崇陵
溥仪	宣统	1908–1911	配天同运法古绍统粹文敬孚宽睿正穆体仁立孝愍皇帝	恭宗	献陵

第十一章

满族名人录

满族历史上的八大姓是：佟佳氏、瓜尔佳氏、马佳氏、索绰络氏、祁佳氏、富察氏、那拉氏、钮祜禄氏。到辛亥革命以后，满族人都冠以汉字姓了。

现代满族的姓氏从历史上的八大姓，基本冠以汉字姓为：佟、关、马、索、祁、富、那、郎。除了八大姓之外还有西林觉罗氏、伊尔根觉罗氏，郭洛罗氏等等，当然最最尊贵的姓氏要数爱新觉罗氏了。这些现代姓氏有的取其原来多音节姓氏中的第一字为姓，或取数音节相切，取一近音的汉字为姓。如瓜尔佳氏改姓关，索绰络氏改姓索，马佳氏改姓马，舒穆禄氏改姓舒或徐，那拉氏改姓那等。也有将原来姓氏译意为汉字取姓的，如巴颜氏改姓富，因巴颜在满族语中有富有之意。皇族爱新觉罗氏改姓金，因爱新在满语中是金子之意。从古代的满族八大姓到现代姓氏，改变的是书写，不变的是满族人民对中华民族历史发展所做的贡献。无论是古代还是近现代，出现了一大批成绩卓著的满族人，他们曾经或正在中国的各个领域发挥重要的作用，取得了令人瞩目的成绩。

努尔哈赤（1559—1626），姓爱新觉罗氏，清太祖。满族。努尔哈赤是自金朝灭亡后，在女真中出现的又一位杰出的首领，是大清王朝的奠基人，也是中国历史上一位出色的政治家、军事家。

康熙（1654—1722），清代皇帝。清圣祖。满族。爱新觉罗氏，名玄烨。顺治帝第三子。顺治十八年继承皇位，改次年为康熙元年（1662），习称康熙帝。二年二月，生母去世，由祖母博尔济特氏（孝庄文皇后）抚育。14岁亲政。是清代颇有作为的皇帝，也是中国历史上一位杰出的封建君主。

乾隆（1711—1799），中国清代皇帝。清高宗，满族，爱新觉罗氏，名弘历。雍正帝第四子。雍正十三年（1735）八月即位，年号乾隆，习称乾隆帝。嘉庆元年（1796），传位第十五子嘉庆帝，自为太上皇帝，仍掌军国大政，直至去世，实际统治64年，是中国历史上掌权时间最长的皇帝。

纳兰性德（1655—1685），著名词人，满洲正黄旗人。大学士明珠长子。善骑射，20岁时选为康熙一等侍卫。跟随康熙多次出巡。诗词风格缠绵伤感，出有《纳兰词》。

图理琛（1667—1740），满洲正黄旗人。清内阁学士。康熙五十一年奉命率队出使伏尔加河下游，慰问厄鲁特蒙古土尔扈特部。三年后返回，写有《异域志》，记叙途经喀尔喀蒙古、西伯利亚等地的所见所闻。此书收入《四库全书》。

曹雪芹（1715—1763），名霑，字梦阮，号雪芹、芹圃、芹溪。清代小说家。曹雪芹祖籍辽阳，先世原是汉族，后被编入满洲正白旗。曹所著《红楼梦》以其丰富的内容，曲折的情节，深刻的思想认识，精湛的艺术手法成为中国古典小说中伟大的现实主义作品。《红楼梦》是中国古典小说四大名著之一，也是世界文学宝库中一颗璀璨的明珠。